文明的细节

追寻古人的风尚

人间苦乐篇

李东 著

辽宁教育出版社
·沈阳·

图书在版编目（CIP）数据

文明的细节：追寻古人的风尚. 人间苦乐篇 / 李东著. —沈阳：辽宁教育出版社，2024.6
ISBN 978-7-5549-4059-4

Ⅰ. ①文… Ⅱ. ①李… Ⅲ. ①文化史—中国—古代—通俗读物 Ⅳ. ①K220.3-49

中国国家版本馆CIP数据核字（2024）第026229号

文明的细节 追寻古人的风尚 人间苦乐篇
WENMING DE XIJIE ZHUIXUN GUREN DE FENGSHANG RENJIAN KULE PIAN

出 品 人：张 领
出版发行：辽宁教育出版社（地址：沈阳市和平区十一纬路25号 邮编：110003）
电话：024-23284410（总编室） 024-23284652（购书）
http: // www.lep.com.cn
印 刷：辽宁新华印务有限公司

责任编辑：赵姝玲 于 薇
封面设计：琥珀视觉
版式设计：熊 飞
责任校对：黄 鲲
幅面尺寸：145mm×210mm
印 张：5.5
字 数：130千字
出版时间：2024年6月第1版
印刷时间：2024年6月第1次印刷

书 号：ISBN 978-7-5549-4059-4
定 价：29.80元

前 言

我们为什么是现在的我们？追根溯源，是因为中华民族五千年延绵不绝的文明。无论是一个民族的历史、一个人的人生，还是一个创作的完成，都是由一件件事情、一次次努力组成的。用故事承载历史记忆，传达人文精神，让这些伟大的文明、灿烂的智慧，以一种温润持久的方式，走进千家万户的生活，丰富更多人的日常阅读。

当代作家木心创作的一首诗《从前慢》为读者所称道，有评论者认为，这首小诗之所以特别吸引当代人，恰恰在于作者概括了我们普遍的感受，身处于“快节奏”生活中的人们，对那种“慢生活”的向往。这种所谓的“慢”，透着一种久违的朴素人性，让人感觉既浪漫又坚决，宽容而有韧性。更有读者珍视“慢”字背后所体现的人与人之间的关系——诚恳、知足、接纳、闲适与体谅。

诗歌可以调度语言，用语言表达经验。而文化则可以超越语言，将人们的经验沉淀、纯化，塞进文明的列车，由历史驶向未来。

历史的发展从来都是“一往无前”，真可谓“逝者如斯夫！不舍昼夜”。历史本身无所谓“快”和“慢”，只是由于身处不同时代，人们的心境不同，才有了或“快”或“慢”的内心感受。

细说古人的市井烟火和苦乐生活。面对中华优秀传统文化，我们倒是可以静静品味、慢慢欣赏，故事只是片段，思考持久且绵长。只要怀着一颗敬畏和谦卑之心，在“慢”的过往中，一定可以找到“快”的动力和激情！

目录

/

contents

人间苦乐篇

市井烟火、丝路传奇、东西交融、茶坊酒肆、商铺繁荣、招幌叫卖、衣装服饰、棉纱纺织……人间苦乐亦多忧，惟愿好梦与平安。

古人礼敬先贤，承续薪火，为人生命名，为岁月立证；也曾童心可掬，也曾舐犊情深，也曾劝学育才，也曾感时伤怀。

敬古人温良恭谦，高风亮节；感古人拥抱生活，诗意人生。

人间多彩，苦乐自知。

借问酒家何处有，带您逛逛周代的“市井”

想必大家都有逛市场的经历吧，其实古人也会逛市场，这市场的历史相当悠久。

《周易·系辞》中写道：“神农……日中为市，致天下之民，聚天下之货，交易而退，各得其所。”司马光在《资治通鉴》中也说：“神农日中为市，致天下之民，聚天下之货，交易而退，此立市之始。”这两段文献都认为，原始市场是从神农氏的时代开始的。由此可见，五六千年前的部落联盟时期，古代先民有了少量剩余产品可以交换，因而产生了原始市场。

“市”在古代也称作“市井”，这是因为最初的交易都是在井边进行的。《史记·正义》中说：“古者相聚汲水，有物便卖，因成市，故曰‘市井’。”也就是说，古时候在形成正式的集市之前，常常是“因井为市”的。

在井边做买卖有两点好处：第一，商人、牲畜的饮水问题得到解决；第二，还可以方便洗涤商品。东汉应劭写了一本民俗著作《风俗通义》，其中记载："于井上洗涤，令香洁。"甚至到近代，一些乡镇附近仍设有供商人饮马的水井，"市井"一词也沿用至今。

陶彩绘马（西汉）

我国自周代就出现了正式的市场。据史料记载，周朝的市场，每日的交易活动分三次举行："朝市"在早晨，"大市"在午后，"夕市"在傍晚。

市场设有大门，进入市门交易，叫"市入"，市入之时，有小吏执鞭守于门口，以维护市入秩序。市场的各个贸易地点，叫作"肆"。同一市场中，按照不同的经营品种，设若干个肆。如酒肆、米肆、布肆、鱼肆等。

市场里还设有存储货物的屋舍，叫"廛"，也就是后世的栈房。"廛"都是官府建造的，所以商人存入商品必须纳税，叫"廛布"（布，货币）。做买卖时所用的券契（相当于票据凭证）叫"质剂"。其中长券叫"质"，用来购买牛、马等商品；短券叫"剂"，用来购置兵器及珍异之物。大市用"质"，小市则用"剂"。市场既是商品交易的场所，也是官府处决罪犯的刑场。刽子手杀死罪犯后，将尸体示众，叫作"弃市"。所以，市场是个鱼龙混杂的地方，体面人是不去市场的，有个词叫作“市井小人”，意思是朝廷不准许达官贵人随便进入市场，为的是“别尊卑”，以体现社会阶层和社会身份的不同。这种交易安排方式一直延续到秦、汉。

诗文雅韵

质人与廛人[1]

《周礼》

质人

质人掌成市之货贿、人民、牛马、兵器、珍异。

凡卖儥者质剂焉，大市以质，小市以剂。掌稽市之书契，同其度量，壹其淳制，巡而考之。犯禁者，举而罚之。

凡治质剂者，国中一旬，郊二旬，野三旬，都三月，邦国期。期内听，期外不听。

廛人

廛人掌敛市絘布、总布、质布、罚布、廛布，而入于泉府。

凡屠者，敛其皮角筋骨，入于玉府。凡珍异之有滞者，敛而入于膳府。

1 节选自《周礼》，题目为本书作者所加。

作为我国第一部系统、完整叙述国家机构设置、职能分工的专书，《周礼》汇集了早期国家体制的宝贵资料。《周礼》分为六类官职，其中“地官司徒”记载了大司徒及以下共78种职官，负责民政事务。在这其中，“质人”与“廛人”都是与市税（周代市场的税制）有关的官职。

《钦定篆文六经四书》（清·康熙）

“质人”的职责主要包括三个方面：负责评定市场上的货物、奴婢、牛马、兵器、珍异之物的价格；凡从事买卖交易的，向其发放票据凭证，即“质剂”；负责处理有关券契的争讼，受理范围、投诉时限等皆有明文规定。

“廛人”的职责主要包括三个方面：负责收取市场的店铺税、货物税、质剂税、罚款、市宅税等，交入泉府；凡屠宰牲畜的，要收取牲畜的皮角筋骨以当税，交入玉府；凡珍异之物有滞销的，也要收购，交入膳夫之府。

《周礼》中关于“质人”“廛人”官职的记载，从一个侧面反映出西周时期市井繁荣、经济活跃的景象。

文史小贴士

《风俗通义》

《风俗通义》是东汉应劭所著的一部以考评历代名物制度、风俗、传闻为主要内容的书籍。原有三十卷，今存十卷。这里的"风俗"，既包括"相沿积久而成的风气、习俗"，同时也涵盖学术、政治、典章、礼仪等文化内容。

鉴于东汉时期虚假传言极大干扰了人们的思想和生活，应劭写作《风俗通义》以求"辟谣存正"，即以儒家思想为原则辟谣言、除恶俗，端正评价标准。《风俗通义》所"辟"的"谣"包罗甚广，主要包括人们对典籍的错误理解、史书中的误记滥记、一些捕风捉影的不实传闻、民间大量鬼怪神妖的灵异故事，其内容涉及东汉各阶层人们生活的方方面面。

应劭

应劭，生卒年不详，字仲远，一作仲瑗，东汉汝南郡南顿（今河南项城）人，东汉末年著名学者，"建安七子"中应玚的叔叔。曾任泰山太守，因惧怕曹操，而投奔袁绍。

香醇美酒何处寻，逛逛“九市”最开心

与现代人的购物行为相似，古代人也有丰富的生活消费。

成型于周代的集市，在汉代得到进一步发展。西汉时期全国有六大商业中心，以都城长安为首，包括洛阳、邯郸、临淄、宛城、成都，形成一个全国性的商业网络。司马迁说：“关中之地，于天下三分之一，而人众不过什三；然量其富，什居其六。”可以想见，当时的都城长安，财富汇聚，物质殷实。

“汉并天下”瓦当（西汉）

长安的商业区，主要分布在“九市”，其中有名可考的有七市，即西市、柳市、东市、孝里市、直市、交门市、交道亭市。九市平面皆为方形，各方266步。诸市都建有围墙，叫作“阛”，集市的大门称为“阓”。每个集市内都有十字形通道，叫作“隧”。隧两侧是“列肆”，也叫“市列”，即陈列商品的建筑物。肆分别成行，井然有序。“列肆”的后面，挨着围墙，建有堆放货物的店，叫作“邸舍”，就是周朝的“廛”。商人们凡是在集市中营业的，都要登记入册，叫作“市籍”。取得“市籍”的人，得向官府缴纳“市租”。市的管理机构设在“旗亭”（也叫“市楼”）上。东汉张衡《西京赋》曾这样描写长安城的集市：“廓开九市，通阛带阓。旗亭五重，俯察百隧”，足见九市建筑壮观、人气旺盛。

据《史记·货殖列传》记载，当时市场上流通的商品很丰富，农产品有粮食、新鲜蔬菜（韭菜、生姜）、干菜等；林产品有原木、竹竿、木柴、水果（如橘及山野杂果）、干果（栗子）

彩绘漆鱼纹耳杯（西汉）

等；畜产品有牛、羊、猪肉、牛皮、羊皮、猪皮、牲畜的角和筋；渔业产品有鲜鱼、大干鱼、小杂鱼；副业产品有豆酱、酒、浆（酸性饮料）、帛、絮（丝棉）、毛织品、狐皮等；手工业产品如牛车、轺车、漆器、铜器、铁器、旃席、木器等；矿产品如丹砂。此外，还有作为劳动力被买卖的奴婢。长安集市还有算卦先生卖卜。

《史记·日者列传》中，记载了西汉初年文学家贾谊等人去东市走访卖卜者司马季主的故事。当时，贾谊与同事宋忠同在朝廷做官，宋忠任中大夫（汉代掌论议之官），贾谊任博士（汉代掌通古今、讲经学之官，也充当君主的参谋或顾问）。两人出朝休闲，到市场上寻访高人。贾谊说："吾闻古之圣人，不居朝廷，必在卜医之中。今吾已见三公九卿朝士大夫，皆可知矣。试之卜数中以观采。"于是，"二人即同舆而之市，游于卜肆中"。司马季主是楚地人，在长安东市占卜。经过一番辩论后，司马季主的深刻见地与犀利批评令贾谊、宋忠两人深受触动，"宋忠、贾谊忽而自失，芒乎无色，怅然噤口不能言。於是摄衣而起，再拜而辞。行洋洋也，出门仅能自上车，伏轼低头，卒不能出气"。

看来，这市场不仅有琳琅满目的货品以供消费，亦有道行高深的智者醍醐灌顶。

西京赋节选

东汉·张衡

尔乃廓开九市，通阛带阓。旗亭五重，俯察百隧。周制大胥，今也惟尉。瑰货方至，鸟集鳞萃。鬻者兼赢，求者不匮。尔乃商贾百族，裨贩夫妇，鬻良杂苦，蚩眩边鄙。何必昏于作劳，邪赢优而足恃。彼肆人之男女，丽美奢乎许史。若夫翁伯浊质，张里之家，击钟鼎食，连骑相过。东京公侯，壮何能加。

西汉都城长安是丝绸之路的起点，也是一座国际大都市。长安有八街九陌、三宫九府、三庙十二门、九市、十六桥。《西京赋》中的这段描写，生动还原了“九市”的繁盛景象，从一个侧面反映了西汉时期商业的发达。长安城有九个集市，市与市之间互相通联，市中有一幢五层高的旗亭，能够俯瞰大小街道；四面八方的商品汇集于此，似众鸟栖集，又如群鱼聚游；卖者利润可观，买者按需所取；各色商人，各类商贩，良莠不齐，鱼龙混杂；有的商人靠欺诈发家，浑水摸鱼也能赚得盆满钵满；那些成功的商人，亦可福荫妻儿，穿戴华丽，不逊皇亲国戚；翁伯、浊氏、质氏、张里这些商界大亨，家财万贯，钟鸣鼎食，出门车马相随，即便是洛阳城里的公侯，其奢华排场也未必如此吧。

文史小贴士

《西京赋》

《西京赋》是东汉辞赋名篇，作者张衡是东汉著名的科学家、文学家。“西京”即西汉都城长安，此篇赋为《二京赋》的上篇，大约写于汉和帝永元十二年（100），《后汉书·张衡传》记载：“时天下承平日久，自王侯以下，莫不逾侈。衡乃拟班固《两都》，作《二京赋》，因以讽谏。精思傅会，十年乃成。”《西京赋》假托凭虚公子之口，描述了秦咸阳、汉长安的兴衰历史，着重表现了统治阶级奢侈豪华、游猎玩乐的铺张情形。其中，关于长安形胜、建筑、商贸、市井的情况叙述十分详细，生动地展现了汉代长安的城市风貌；关于百戏杂技、游侠的生动描述，很少见于其他典籍，十分珍贵。

“买全球，卖全球”的西汉长安

当今的商业互联网时代，人们可以实现“买全球、卖全球”。在中国古代，也有跨国贸易，西汉时期的都城长安，依靠水陆交通的便利，连接四方，通达海外，一度成为国际性商贸中心。

“汉祖起丰沛，乘运以跃鳞。手奋三尺剑，西灭无道秦。”（唐·王珪《咏汉高祖》）刘邦打败项羽、统一全国后，定都长安，遂下令在秦兴乐宫的基础上修筑都城，长安由此而来。

汉武帝在位时，西汉王朝进入鼎盛时期。尤其是张骞通西域：“然骞凿空，诸后使往者皆称博望侯，以为质于外国，外国由是信之。”（《汉书·张骞传》）汉王朝与西域的使者频繁往来，东西方的经济文化交流日益兴盛。商人们满载着汉朝的丝绸等货物，从长安穿过河西走廊，经西域运往中亚、西亚，再转运到更远的欧洲；同时也把西域的物产和奇珍异宝运往中原。这条沟通欧亚的陆上交通道路，就是著名的“丝绸之路”。

经由“丝绸之路”，汉朝的丝绸、漆器等物品，以及开渠、凿井、铸铁等技术传到西域；大批的外国使节和商人，带着西域的核桃、葡萄、石榴、苜蓿、良种马、香料、玻璃、宝石等，还有乐器和歌舞来到中原。这些人到了长安以后，大都居住在藁街的蛮夷邸，这里是外国使节馆舍的所在地。朝廷还派遣专门的大臣管理蛮夷邸，设置一个专门管理外交和商务的官职，即“大鸿胪”。

汉代的输出商品，以两种最为畅销：一种是作为奢侈品的丝绸，体量轻，价格高；另一种是作为生产、生活资料的铁及铁器，体量重，价格不菲。丝路贸易是典型的有多国多民族参与的国际贸易，这种跨文化的频繁往来，形成了一个巨大的贸易网络，把整个欧亚大陆连接起来。此间，中国丝绸经长途贩运和几度转手，价格昂贵，奇货可居，甚至成为货币等价物，进而被赋予世界货币的特殊功能，历史性地成了流通手段和支付手段。

陶彩绘女俑（西汉）

自恃国力雄厚，汉武帝曾七次巡海，鼓励海洋交通活动。其中很重要的一条航线便是从东南沿海港口出发，经中南半岛南下，绕过马来半岛，穿过马六甲海峡，通往孟加拉湾沿岸，最远抵达印度半岛南端和锡兰（今斯里兰卡）。欧洲人乘船从海上西来，双方开辟的航线在南亚一带交汇，这条“海上丝绸之路”成为古代中西物质文化交流的大动脉，构建了早期世界的国际贸易网络，促进了世界经济文化的交流。

西汉长安不仅外贸先进，内贸也很兴盛。长安城内的商业主要分布在“九市”，分别位于都城的东部和西部。西部的集市接近中渭桥，交通便利，商贾云集，最为繁华。东部只有三市，因为东部大多居住着达官显贵，他们的房屋占地广大，厅堂楼舍，极为奢华。除九市外，长安城内还有一个小市场很特别，被人称为“槐市”。这是一个位于太学附近的天然集市，槐树成荫，露天开放。每逢朔望，即农历初一、十五开市，买卖双方大多是太学生，所交易的物品以文化用品为主，包括经传、书籍、笙、磬乐器等，兼有各地土特产。由于是书生居多的市集，彼此之间都很客气，温文尔雅，恭敬谦让，价钱方面自然也好商量。在槐市里做买卖，通常不以营利为目的，更多的是太学生之间互通有无，调剂余缺。而且，这里也是太学生自由讨论、发表意见的场所，即为后世文人所褒扬的“论议槐下”。

当时关中一带，通过经商致富的人很多。有些是凭放高利贷或囤积居奇发财的，也有靠卖浆、卖胃脯（大概是煮羊肚一类的食物）暴富的。当时民谚云：“夫用贫求富，农不如工，工不如商；刺绣文不如倚市门。”（《史记·货殖列传》）在以商致富的社会风气影响下，不少农民离开田地，来到城市做生意。形成了“稼穑之民少，商旅之民多，谷不足而货有余”（《汉书·货殖传序》）的特殊景象。

诗文雅韵

槐市

《三辅黄图·补遗》

礼，小学在公宫之南，太学在东，就阳位也。

去城七里东为常满仓，仓之北为槐市。列槐树数百行为隧，无墙屋。诸生朔望会且市，各持其郡所出货物及经传书记、笙磬乐器，相与买卖。雍容揖让，论议槐下。

这段《三辅黄图》中的文字，生动记录了西汉末年长安书市的繁荣景象。槐市存在的时间并不长，但对图书文化事业发展起到了积极的作用。因此，历代文人经常在诗文中提到槐市，并肯定它的独特价值。南北朝时期文学家庾信《预麟趾殿校书和刘仪同诗》有云：“璧池寒水落，学市旧槐疏。”南朝梁元帝《皇太子讲学碑》提到“晬玉容而经槐市”（《初学记》卷二十一）。唐代文学家刘禹锡在《秋萤引》中写道：“槐市诸生夜读书，北窗分明辨鲁鱼。”唐代诗人崔日知《冬日述怀奉呈韦祭酒张左丞兰台名贤》有云：“雾披槐市蔼，水静璧池圆。”唐代诗人卢照邻《文翁讲堂》有云：“槐落犹疑市，苔深不辨铭。”

文史小贴士

太学

太学是西汉时官方设立的高等学府。太学之名始于西周，汉武帝建元元年（前140），董仲舒在“对策”时建议“臣愿陛下兴太学，置明师，以养天下之士，数考问以尽其材，则英俊宜可得矣”。（《汉书·董仲舒传》）大约在元朔五年（前124）前后，启动了“请因旧官而兴焉”的人才培养计划，即招收博士弟子（即太学生），开展高等教育。最初规模很小，后来逐渐扩大。“博士”为官职，掌管古今史事及书籍典章，以备咨询，也充当皇帝的学术顾问。

蛮夷邸

蛮夷邸是汉代专为邻国、邻族使者来都城居住而设的馆舍，位于长安城的藁街。

大唐的东市和西市，文人墨客的乐园

唐朝的商业繁荣，交通发达，贸易兴盛，都城长安规划严整，布局对称，街道宽敞，百业兴旺，既是当时中国政治、经济和文化交往的中心，也是一座国际性的大都会。唐朝都城长安的商业区是城中的东、西两市，“东市”在皇城的东南面，“西市”在皇城的西南面。

东、西两市的内部都有纵横交错的街道，分别把两市划成“井”字形，各含九个方块。

铜高鼻钮“唐安县之印”（唐）

每个方块四面临街，店铺鳞次栉比。这东、西两市可是真热闹，共有220个行业。以西市为例，长、宽各1050米，算下来竟然是一个占地110万平方米的商业区。西市有大衣行、鞦辔行、秤行、绢行，有卖蜡烛的豆家店、侯景先当铺、张家楼饭店等。东市的商行与西市差不多。据史料记载，会昌三年（843）六月二十七日夜晚，东市失火，一次就烧毁“曹门以西二十四行四千余家”，这次火灾事件从一个侧面反映出东、西两市，商铺林立、商家众多的情况。

清代学者徐松编撰了一部唐代史料专著《唐两京城坊考》，详细描绘了以东、西两市为代表，长安城里饭馆酒肆林立的热闹景象。简单地说，长安城由内到外分为三个部分：宫城、皇城、外城（郭城）。其中，外城大致呈“凹”字形，主要以“坊”为单位组成。坊，先秦开始称“里”“闾”“闾里”，是中国古代城市居住区组织的基本单位，南北朝开始出现“坊”的称呼，隋朝开始正式改称“坊”，唐代里、坊称呼互相使用，长安城以坊为基本单位的格局称为“里坊制”。文献记载，颁政坊有馄饨曲，曲是坊里中的小巷，就是说颁政坊有个馄饨一条

三彩骆驼（唐）

街；长兴坊有毕罗店，毕罗大概是一种带馅的面点；胜业坊有推小车卖饼的。

唐代人段成式编写了一部笔记小说集《酉阳杂俎》，其中记载了长安有名的美食："萧家馄饨，漉去汤肥可以瀹茗；庾家粽子，白莹如玉；韩约能作樱桃毕罗，其色不变。""瀹茗"的意思是，把这馄饨汤里的油脂过滤掉，汤水就可以煮茶。杜甫《饮中八仙歌》这首诗很有名，其中写道："李白斗酒诗百篇，长安市上酒家眠。"这也形象地说明，长安城里的茶坊酒肆是文人骚客们经常出没的场所。

诗文雅韵

名食[1]

唐·段成式

今衣冠家名食，有萧家馄饨，漉去汤肥，可以瀹茗。庾家粽子，白莹如玉。韩约能作樱桃毕罗，其色不变。又能造冷胡突、鲙鳢鱼、臆连蒸诈草、皮索饼。将军曲良翰，能为驴鬃驼峰炙。

《酉阳杂俎》堪称唐代的一部奇书，正如书名所寓意的那样，知识丰富、内容广博。这段文字生动地描述了唐代长安有名

1　节选自《酉阳杂俎》卷七，题目为本书作者所加。

的美食，可见当时的烹饪技艺已经相当了得，一些从大户人家流传出来的名馔珍馐在东、西两市也颇为流行。萧家馄饨做工精细，表面光洁，内包的馅料和所含的油脂不会渗到皮外，煮出来的面汤澄澈透明，甚至可以烹茶。庾家的粽子白亮剔透，晶莹如玉。“毕罗”是一种面制馅饼，韩约所做的毕罗，在馅料里加入了新鲜水果，烤熟后人们发现，馅料中的樱桃竟然没有变色，鲜艳如初。其中，最引人注目的一道大餐就是“驼峰炙”，由将军曲良翰创作，用驼峰烤制而成，堪称上等佳肴。

文史小贴士

《唐两京城坊考》

《唐两京城坊考》是一部专门研究隋唐时期长安和洛阳的城市规划、宫殿官署、街市坊里、苑囿渠道、水路交通、风土人物等的学术著作，作者为清代著名学者徐松（1781—1848）。《唐两京城坊考》是继唐代韦述《两京新记》、宋代宋敏求《长安志》《河南志》之后的一部划时代巨著，被誉为“集大成”之作。

宋代的广告传单和商品标记

宋代的商业很繁荣，黄河、长江及运河沿岸兴起了一座座商业城市，甚至出现了开封、杭州这样百万人口的大型城市。城市中的店铺越来越多，经商时间不再受限制，出现了早市和夜市。

在中国国家博物馆里保存着一块宋代的广告印刷铜版，上面刻有“济南刘家功夫针铺”的字样，被认为是我国最早的商标。这块铜版长12.4厘米，宽13.2厘米，铜版的上方标明“济南刘家功夫针铺”，中间是白兔捣药的图案，图案左右两边标注有文字“认门前白兔儿为记”，下方刻有说明商品质地和销售办法的广告文字：“收买上等钢条，造功夫细针，不误宅院使用，转卖兴贩，别有加饶，请记白。”这些字都是反刻的，很明显是为了印刷所制作的铜版。

这件文物简直就是一幅鲜活、生动的宋代商品广告宣传海报。在整个版面中，最引人注目的就是那只拿着铁杵捣药的白兔，其原型出自嫦娥奔月故事里的玉兔，借家喻户晓的玉兔作为店铺的LOGO，这商标设计也是没谁了。而且，考虑到当时的社会背景，使用针线的人大多是不识字的女性，所以搞一个形象生动的玉兔形象，好懂、好记、好传播。再有，白兔捣药用的杵还会让人联想到“只要功夫深，铁杵磨成针”的典故，“济南刘家功夫针铺”一贯秉承的匠心精神也被彰显出来。这块铜版比欧洲历史上最早的印刷广告还要早几百年，且用金属铜来制版克服了木版容易变形、腐朽的弱点，更适合大批量印刷，最终得以历经千年，传承至今。

钧窑天蓝釉盏托（北宋）

有了商标，就意味着商家要树立自己的品牌，谋求建立商业信誉。比如，宋代的东京城里有一家做靴子的店铺，店家会在做好的靴子衬里放上一张纸条，上面写着由谁制造。明末文学家冯梦龙白话短篇小说集《醒世恒言》中有一篇宋代话本“勘皮靴单证二郎神”，其中有这样的情节，说从一只靴子衬里搜出一张纸条，上面写着“宣和三年三月五日铺户任一郎造”。为了对这个商标负责，工匠任一郎的铺子里专门有一本“坐簿”，上面详细记载了每一双靴子的去处和基本情况，拿着“坐簿”上的记录和靴子衬里的纸条一对照，就可以马上确定这双靴子出自哪里，卖给了谁，堪称宋代制鞋业独有的防伪标记。

诗文雅韵

勘皮靴单证二郎神节选

明·冯梦龙

冉贵却也不来兜揽，向灯下细细看那靴时，却是四条缝，缝得甚是紧密。看至靴尖，那一条缝略有些走线。冉贵偶然将小指头拨一拨，拨断了两股线，那皮就有些撬起来。向那灯下照照里面时，却是蓝布托里。仔细一看，只见蓝布上有一条白纸条儿，便伸两个指头进去一扯，扯出纸条。仔细看时，不看时万事全休，看了时，却如半夜里拾金宝的一般。那王观察一见，也便喜从天降，笑逐颜开。众人争上前看时，那纸条上面却写着：“宣和三年三月五日，铺户任一郎造。”观察对冉大道：“今岁是宣和四年，眼见得做这靴时，不上二年光景。只捉了任一郎，这事便有七分。”冉贵道：“如今且不要惊了他。待到天明，着两个人去，只说大尹叫他做生活，将来一索捆番，不怕他不招!”观察道：“道你终是有些见识！”当下众人吃了一夜酒，一个也不敢散。

这个故事讲的是宋徽宗时有人利用妖术诱骗在杨戬家中养病的宫内韩夫人。杨戬发觉此事后，便请人作法缉拿，其间击落了一只皮靴，从这只皮靴查勘的结果，才找到了背后作怪的人。故事生动地反映了宋代制鞋业独有的“防伪标记”，从一个侧面体现出宋代商业的繁荣及手工业的发达。

文史小贴士

《醒世恒言》

《醒世恒言》是明代的一部白话短篇小说集，为冯梦龙（1574—1646）纂辑，始刊于明天启七年（1627）。其中收录四十篇风格各异的故事，或源于史传、笔记小说，更多的来自民间传说故事。除少数宋元旧作外，绝大多数是明人作品，部分是冯梦龙编写。人物形象刻画鲜明，结构充实完整，情节描写细腻，反映了当时的社会面貌和市民思想感情。

《喻世明言》《警世通言》《醒世恒言》合称“三言”，又与后来的《初刻拍案惊奇》《二刻拍案惊奇》总称“三言二拍”，是明代市民文学的代表作，成为中国古代白话短篇小说的宝藏。

冯梦龙被誉为“中国古代白话小说先驱”“中国通俗文学之父”。

古人购物也挺嗨，驰名商标一长排

今天的人们在购买商品时会看牌子，考察商家的信誉，古人购物大体也是这样，在商业繁荣的宋代，涌现出一大批的驰名商标。

举例来说，古代文人经常会用到“文房四宝”，即笔、墨、纸、砚。说到这“墨”，北宋制墨哪家强？名震一时的好墨是“潘谷墨”。这“潘谷墨”是当时的名牌产品，人人都想买到这种墨，以至于成为市场的紧俏商品，甚至内廷专门派人去购买和收藏。所以，在民间要是有人得到“潘谷墨”，竟然会悄悄

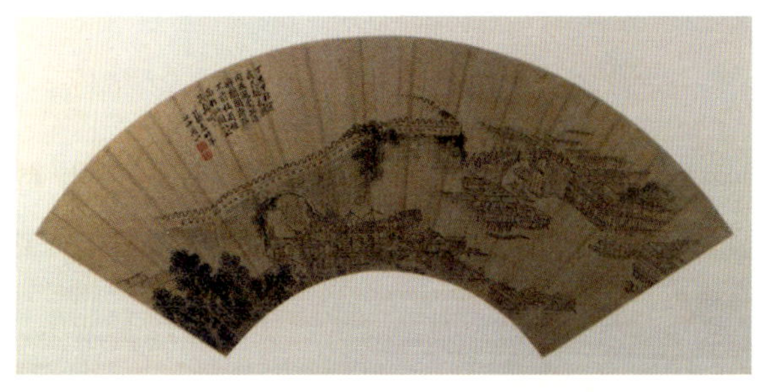

张宏阊门舟阻图扇页（明）

地藏起来，视为珍品。据史料记载，“潘谷墨”用料讲究，采用当时最为优良的高丽煤烧制；商家注重信誉，从不以次充好；制墨技艺精湛，有许多绝活；善于向同行业的先进经验学习，不断改良技术。

再比如，北宋都城东京（今河南开封）的饮食行业当中，也有不少餐饮界的驰名商标。若是想吃油饼、胡饼，就去武成王庙前海州张家、皇建前院郑家；若想吃包子，御廊西鹿家和五楼山洞梅花包子最好吃；要想吃馒头，著名的有孙好手和万家的馒头；要是想喝羹，推荐你去史家瓠羹店、贾家瓠羹店、徐家瓠羹店、马铛家羹店。最火的是以周待诏命名的瓠羹，卖到一百二十六钱一个，作为名牌食品，真是一分价钱一分货。要想吃果子（类似于今天的糕点、小吃一类的食品），一定要去梁门里李和炒栗，这家店做工极其讲究，可谓“一直被模仿，从未被超越”，就连文学家陆游都知道这家店的大名，将之作为著名商品记录到自己的《老学庵笔记》一书中。这种传统一直延续到南宋的都城临安，当时人们普遍的消费观念是：“大抵都下买物，多趋名家驰誉者。”（宋·《梦粱录》）和我们今天购物认准驰名商标是一个意思。

宋代文人吴自牧写了一本笔记《梦粱录》，专门介绍南宋都城临安的城市风貌，其中记载了一大批市民所钟情的名牌店铺，如陈家彩帛铺、舒家纸扎铺、童家柏烛（以乌柏树为原材料制作的一种蜡烛）铺、凌家刷牙铺、孔家头巾铺、徐茂之家扇子铺、徐官人幞头（古代男子束发用的头巾）铺、钮家腰带铺、张家铁器铺、张古老胭脂铺、戚百乙颜色铺、三不欺药铺、仲家光牌铺、香家云梯丝鞋铺、李官人双行解毒丸、朱家裱褙铺、尹家文字铺、陈妈妈泥面具风药铺、保和大师乌梅药铺、戚家犀皮铺、彭家温州漆器铺、归家花朵铺、周家折揲扇铺、陈家画团扇铺……

看来，宋代人购物也挺嗨，驰名商标一长排。

诗文雅韵

孙莘老寄墨四首·其一

北宋·苏轼

徂徕无老松，易水无良工。
珍材取乐浪，妙手惟潘翁。
鱼胞熟万杵，犀角盘双龙。
墨成不敢用，进入蓬莱宫。
蓬莱春昼永，玉殿明房栊。
金笺洒飞白，瑞雾萦长虹。
遥怜醉常侍，一笑开天容。

在中国古代，书画所使用的墨，大致可分为两类，即“松烟”和“油烟”。“松烟”起源很早，至北宋时期，由于松树资源开发过度，制作“松烟”已属不易。“油烟”则是用油烟等原料制成的墨，五代至宋初，易水人张遇继承并发扬了油烟墨的制造技术，声名远播。但是，烧制油烟墨的过程十分辛苦，工艺也很复杂。有鉴于此，苏轼感慨“徂徕无老松，易水无良工”。

诗中的“潘翁”指潘谷（约1010—1060），宋元祐歙县人，一生制墨，有“墨仙”之称。潘谷所制“狻猊”“松梵”等，被誉为“墨中神品”。据《歙县志》记载，“宋时徽州每年进贡佳墨千斤”，宋徽宗御藏极品宝墨“八松烟”（又称八松梵）皆出自潘谷之手。因此，苏轼写道：“墨成不敢用，进入蓬莱宫。”令人遗憾的是，潘谷晚年饮酒太多，神志不清，竟掉到水里淹死了。这就是苏轼所写的“遥怜醉常侍，一笑开天容”。据《东京梦华录》记载，北宋汴京大相国寺的商品交易相当繁荣，“相国寺每月五次开放，万姓交易”，而“赵文秀笔及潘谷墨”是文人们热衷购买的文房用品。

文史小贴士

《老学庵笔记》

《老学庵笔记》是一部见闻笔记，作者是南宋文学家、史学家、爱国诗人陆游（1125—1210）。陆游晚年退居家乡，结庐为庵，取“老而学如秉烛夜行”之意，写成此书，记述平生亲历见闻。全书共十卷，内容包括遗闻故实、风土民俗、奇人怪物等，还考辨了许多诗文、典章、舆地、方物等。

《梦粱录》

《梦粱录》是一部反映南宋都城临安风土人情的笔记著作，写于元军攻陷临安以后，作者怅惘追忆临安风貌，以“梦粱”作为书名。作者为吴自牧。此书仿效北宋孟元老《东京梦华录》的体例，记载了南宋临安的郊庙、宫殿、官署、山川、人物、市肆、物产、户口、风俗、百工、杂戏、寺观、学校等，为后人了解南宋都城的整体面貌提供了丰富的史料。其中，有关妓乐、百戏伎艺、角抵、小说讲经史之类内容，是研究宋代文学艺术的珍贵资料。

如果古代也有“双十一”，看商家如何打广告

商家为了推介商品，总会打广告、做宣传。古人也是这样，在商业繁荣的宋代，商家打广告的手法新奇有趣，让人脑洞大开。

南宋都城临安有一家药铺叫“严防御”，因为治好了皇帝的病，就把皇帝赏赐的物品拿出来打广告，这御赐的物件是一副金杵臼，就是舂捣药材的一套器具，以此招徕顾客，传播声誉。南宋饶州城有一个卖药的商家姓高，他自己设计了一个LOGO，画着一个人手执叉钩、牵着一头黑漆木猪，命名为“高屠”，成为自己店铺独特的标记。当涂有一位医生姓徐，能治疗“痈疖”（皮肤上的一些脓包炎症），他家的门口画了一个楼台的图案，人送外号“徐楼台”。

当然，还有的商家很有实力，不惜在广告上投入巨资。据史料记载，东京界身北巷口有

一家“宋家生药铺”，店面的墙壁上以李成的山水画作装饰。这可是不得了，李成是北宋著名的画家，他的山水画是中国古代山水画发展史中的一个高峰，被誉为“古今第一”，他的画气韵潇洒、技艺高超、精彩绝伦，被世人奉为至宝。而一家药铺，以大师的真迹挂在墙上作装饰，真是太奢侈了，这广告做得相当有文化内涵。

在宋代，最常见的一种广告形式就是“酒幌子”。我们可以在著名的《清明上河图》中看到这种宋代的广告形式：一般是三个长方形的直幅，自上而下，青白相间；要么中间一幅是青色，左、右两幅是红色；要么中间一幅是白色，左、右两幅是青色。上面写着“新酒”，或者“酒海花宗”，用来宣传自己的酒是名品佳酿，或者写上“酿成春夏秋冬酒，醉了东西南北人”招徕顾客。

张择端清明上河图卷（北宋）

还有更好玩的。宋代有一部著名的杂剧叫《眼药酸》，其中册页的图画十分生动，画中描绘了江湖郎中走街串巷兜售眼药的情景：这位宋代的眼科医生，头戴皂色奇特高帽，穿着橙色大袖宽袍；身前身后挂着成串的画成眼睛的球，帽子两侧画着两只大眼睛，前面还挑着一支大眼睛球。这么夸张的广告，一看便知，定是卖眼药的，真是太生动了。

除此之外，有的肉铺，在案架上挂起成片的猪肉来打广告；一家名为“马聚源毡帽庄”的店铺，柜子上蹲着一只大黑猴，人称“黑猴公帽铺”；一家叫“雷万春”的店铺专卖鹿角胶，门口就挂着一只大鹿角；还有扇子铺，干脆在房檐上悬挂一只大扇子作广告，如此醒目的广告招牌，想必顾客一定会记忆深刻。

诗文雅韵

题临安邸

南宋·林升

山外青山楼外楼，西湖歌舞几时休？

暖风熏得游人醉，直把杭州作汴州。

作为一首“题壁诗”，此诗原本写在旅店的墙壁上，被人记载下来，并广为流传。首句写临安的美丽与繁华，次句抒发了诗人的万千感慨，第三句以一个“熏”字写尽了南宋朝廷偏安一隅的麻醉心态，第四句表达了诗人内心的愤懑和怒火。此诗辛辣地讽刺了时政，引起很多人的共鸣，成为广为传诵的一首咏西湖诗。

南宋都城临安的商业十分发达，远胜过北宋都城开封。临安有20余万人从事商业活动，其中既包括传统型商人，如粮商、菜贩、盐商、茶商、酒商、油商、布商、建筑材料商、珠宝商等；也包括大批新型商人，如对外贸易商、金融类商人、房地产商、书商和市场经纪人等。这些商人在经济生活中极为活跃，既有所谓“诸行市语”即行话，也设有同业组织，如《梦粱录》卷一三《团行》所说“买卖七宝者谓之骨董行，钻珠子者名曰散儿行，做靴鞋者名双线行，开浴堂者名香水行”。

文史小贴士

《清明上河图》

《清明上河图》是一幅北宋风俗画，作者为张择端，现藏于故宫博物院。画作为绢本，淡设色，纵24.8厘米，横528厘米。画中描绘了北宋都城东京（今河南开封）东角子门内外和汴河两岸的繁华热闹景象。该画是张择端唯一的传世之作，被誉为中国十大传世名画之一。

商家“促销”忙，叫卖最在行

现如今商家为了兜售商品，总会想尽办法吸引顾客注意，利用各种手段搞促销。古人也是如此，促销手段花样十足，有的堪称“绝活”。

宋代人编纂了一部文言纪实小说总集《太平广记》，其中记载了“喝故衣”这种促销形式。“喝”就是大声喊唱的意思，这是一种极能煽情的表现形式，在人头攒动的市场中，高声地喊唱很容易吸引大家的注意。“喝故衣”就是以吆喝加说唱的方式推销衣服，它开启了伎艺与商业销售的结合，演化出一门独特的叫卖艺术。宋末元初文人周密曾于南宋末年在京城做官，宋亡后，他抱着遗民之痛写下了追忆都城临安的随笔著作《武林旧事》。临安即今浙江杭州，杭州城最初建于武林山旁，因而别名“武林”。此书细数那时的朝廷典礼、山川风俗、市肆经济、四时节物……其中在“诸色技艺人”名单里，专门记载了“估衣毛三”的名字，想是毛三在“喝故衣”行当里名气很大，且技巧高超，给周密留下了深刻的印象。

明清时期，专卖旧货的“估衣”市场非常普遍。明代散曲家陈铎写道：“不分旧剪与新裁，一律都收在。绿绿红红自搭派，诉明白。宽窄长短随心爱，源流好歹。吉凶货卖，减价买将来。”（《滑稽余韵》）这里面提到的“诉明白”“源流好歹”说的就是“喝故衣”这种说唱式的吆喝叫卖，将衣服向顾客作详细生动的介绍。

清代有一首诗《燕市百怪歌》，将“喝故衣”推为北京一怪：“远闻叫声卖，宛转颇可听。衣服两大堆，件件来回经。”清代文人栎翁《燕台新咏·唱估衣》中写道：“如山夏葛与冬裘，念旧怜新任意收。南北摊多两小市，东西声哄四牌楼。衣无长短量凭尺，腔接高低巧转喉。真眼好磨看入骨，长安人海口如油。”清代文学家蒋士铨《京师乐府词》中，对“唱估衣”的描写十分生动：“古庙官街各成市，估客衣裳不在笥。包囊裀载重如山，列帐当衢衣满地。数人高立声嘘呵，唱衣价值如唱歌。相夸奇服极意态，千衣百裳身上过。手足将疲唇舌燥，欲卖还看衣带票。”清代文人李静山在一首竹枝词中写道：“裙衫袍褂列成行，布帐高支夏月凉。急事临身多绕路，怕听争问买衣裳。”（《增补都门杂咏》）

“卖估衣”是老北京的一种行当，“估衣”就是七八成新的旧衣服。这种衣服成色不一，既有绫罗绸缎，也有粗细棉布，款式各异，良莠不齐。如何把每件商品都顺利地卖出去，还能卖个好价钱，与销售人员的说唱吆喝有很大关系。现如今，在传统相声的表演中，仍有《卖估衣》的演示，生动还原了这种场景。

通俗流畅的词句，婉转动听的旋律，叫卖不只是叫卖，甚至成为一种行为艺术。有史料记载，明清两代的北京，蔬菜、水果的售卖，都以唱卖的形式促销，人们一听唱，就能分辨出来是哪种商品。有顾客来买甘蔗，商家说："甘蔗圆又长，发火又发阳。香甜真可口，节节有商量。"接着劝顾客再买点橄榄，顾客嫌橄榄味道涩，商家说："橄榄两头尖，一见便流涎。入口带酸涩，越嚼越香甜。"然后向顾客极力推荐甘蔗、橄榄一起吃："甘蔗是长个，橄榄是尖个，阴阳相配起来""叫作和合双美丸，大有补益""其味美不可言"（明代弋阳腔《钵中莲·第三出调情》）。话都说到这个份上了，顾客乐呵呵地买走水果，这左右逢源的促销术，真是厉害。

为了加强叫卖的效果，除了有说有唱之外，商家还会借助一些乐器，比如"货郎鼓"。"京师细民有以打鼓收买敝物为业者，持小鼓如盏击之，负箱笼巡行街巷中。"（徐珂《清稗类钞》）"有荷两筐击小鼓以收物者，谓之打鼓。交错于道，鼓音不绝。"（清·阙名《燕京杂记》）

独树一帜的叫卖，堪称古代商业文化在经营艺术方面的代表，它所具有的民族传统、民俗特色和民情味道，构成了古代商业文化的生动内容。

东角楼街巷

宋·孟元老

自宣德东去，东角楼，乃皇城东南角也。十字街南去姜行、高头街。北去，从纱行至东华门街，晨晖门、宝箓宫，直至旧酸枣门，最是铺席耍闹。宣和间，展夹城牙道矣。东去乃潘楼街，街南曰“鹰店”，只下贩鹰鹘客。余皆真珠、匹帛、香药铺席。南通一巷，谓之“界身”，并是金银彩帛交易之所。屋宇雄壮，门面广阔，望之森然。每一交易，动即千万，骇人闻见。以东，街北曰潘楼酒店。其下每日自五更市合，买卖衣物、书画、珍玩、犀玉。至平明，羊头、肚肺、赤白腰子、奶房、肚胘、鹑兔、鸠鸽、野味、螃蟹、蛤蜊之类讫，方有诸手作人上市，买卖零碎作料。饭后，饮食上市，如酥蜜食、枣䭔、澄沙团子、香糖果子、蜜煎雕花之类。向晚，卖何娄头面、冠梳、领抹、珍玩、动使之类。东去，则徐家瓠羹店。街南桑家瓦子，近北则中瓦、次里瓦。其中大小勾栏五十余座。内中瓦子莲花棚、牡丹棚，里瓦子夜叉棚、象棚，最大，可容数千人。自丁先现、王团子、张七圣辈，后来可有人于此作场。瓦中多有货药、卖卦、喝故衣、探搏、饮食、剃剪、纸画、令曲之类。终日居此，不觉抵暮。

被誉为文字版“清明上河图”、北宋东京汴梁“旅游指南”的笔记体散文著作《东京梦华录》，生动记述了北宋都城东京开封府的城市风俗人情。这篇《东角楼街巷》向人们提供了有关北宋都市生活的丰富信息。东角楼位于皇城的东南角，这一带商铺相连，极为繁华。潘楼街满是出售珠宝、布匹、香料、药品的商铺，“界身”巷内皆是珠宝、彩帛交易之所。这里楼阁高大，店面宽阔，远远望去高耸入云。潘楼酒店附近，每天五更时分就开始交易，买卖衣物、书画、珍宝、古玩、犀角、玉器等。天亮时，卖野味、水产的商贩陆续收市，手艺人随即登场，买卖零碎的原料。午饭后，各类饮食纷纷亮相。傍晚后，又有日用百货、珍宝古玩的商贩继续开张。街的南面是一大片瓦舍勾栏，中瓦子的莲花棚、牡丹棚和里瓦子的夜叉棚、象棚规模最大，可容纳数千人。整日待在这里，不知不觉就到了黄昏。

文史小贴士

《太平广记》

《太平广记》是一部古代文言小说总集，由李昉等人奉诏取各种野史、传记、故事、小说等，在宋太宗太平兴国年间编辑而成，与《太平御览》《文苑英华》《册府元龟》合称“宋四大书”。《太平广记》几乎汇集了六朝到宋初的所有文言小说，被誉为“小说家之渊海”。

李昉（925—996），字明远，深州饶阳（今河北饶阳）人，北宋初年名相、文学家。

明代弋阳腔

明代弋阳腔又称弋腔、高腔，是一种地方传统戏剧，明代流传地区很广，遍及北京、南京、安徽、湖南、福建、广东、广西、贵州、云南等地。弋阳腔的音乐风格热烈豪放，运用滚唱、帮腔的手法烘托剧情，伴奏只用打击乐器，演出中使用一些地方方言，有浓厚的乡土气息。

瓦子

瓦子是宋代都城内娱乐兼营商业的场所。大的瓦子，可容纳几千人。瓦子中圈出许多专供演出的圈子，称为“勾栏”。瓦子里还有许多摊位，有卖饮食、药材、古玩、字画的，还有剃头、相面、算卦的，十分热闹。南宋临安的文化娱乐业更为发达，城中有大瓦、中瓦、下瓦、南瓦等多处，城外还有十多处瓦子。

古人穿的衣服藏着哪些秘密

很多朋友对古人的服装感兴趣，观看电视综艺节目或影视剧时津津乐道。

若说到古人穿衣的具体情形，光是表示衣服的称谓不下几十种，“衣”“裳”“襦”“褂”“深衣”“禅”“亵衣”“裼”“正服”“袒裼”“襜褕”“衫”“裘”“袍”“襕”等，若不仔细研究，一时间很难说清楚。

当古人将“衣”和“裳”并举时，“衣”指的往往是上衣。古人的上衣分长短，短上衣叫作“襦”，长上衣叫作“深衣”。

《说文解字》：“襦，短衣也。一曰㬮衣。”这里所说的“襦”指的是暖衣，即用来防寒保暖的衣服。“襦”也分稍长一点的和稍短一点的，“长襦”称“褂”，童仆穿的“长襦”称“裋”；“短襦”则称“腰襦”。东汉诗人辛延年《羽林郎》写道：“长裙连理带，

周昉挥扇仕女图卷（唐）

广袖合欢襦。”诗中女主角胡姬的形象令人难忘，身为一个十五岁的酒家女，她外貌靓丽且机敏聪慧，每天抛头露面招揽生意，更能察言观色，不卑不亢。诗人对胡姬的服饰有生动的描写，绣有连理花纹的衣带和饰有合欢图案的衣服，象征着胡姬对高洁品质的坚守，诚如诗中所言“人生有新故，贵贱不相逾”。

《礼记》中有《深衣》篇：“短毋见肤，长毋被土。”深衣长至脚踝，显然要比“襦”长很多，因此将“襦”视作短上衣就不难理解了。东汉末年儒家学者郑玄为《礼记》作了注解：“有表则谓之中衣，以素纯则曰长衣也。”意思是深衣外面加一件罩衫，这件罩衫叫“中衣”（即“内衣”），可见深衣是贴身穿的。古代时“襦”是普通人（包

三彩琉璃手托兔女立像瓦（明）

括奴仆）平时所穿，深衣（中衣、长衣）则是贵族上朝和祭祀时所穿，庶人以深衣为礼服。

不仅如此，古人的上衣还分单衣和夹衣。“禅，衣不重。”“袷，衣无絮。”（《说文解字》）《世说新语·夙惠》讲述了晋孝武帝司马曜小时候的一个故事：“晋孝武年十二，时冬天，昼日不著复衣，但著单练衫五六重。”意思是司马曜十二岁的时候，天寒地冻时节，大白天不穿厚重的衣服，只穿着五六层轻薄的绢衣。可见小皇子很是任性，

金廷标仕女簪花图轴（清）

也侧面说明皇家的衣服甚是贵重，正所谓“锦衣玉食”。汉乐府古诗《妇病行》描写了身患重病的女人临终前的嘱托，她希望自己死后丈夫能照顾好孩子们，可是贫困的家境让这些遗言无处安放。诗中写道：“抱时无衣，襦复无里。”《释名》解释说：“有里曰复，无里曰禅。”由此可见病妇家境的贫寒，“襦”衣没有里子，破烂的单衣仅能蔽体。

古时“亵衣”属于比较私密的衣服，通常指贴身穿的上衣。《汉书·叙传》：“夫饿馑流隶，饥寒道路，思有短褐之亵，儋

（担）石之畜（蓄），所愿不过一金。”班彪有感于底层百姓的苦难，同情那些颠沛流离的难民，穷苦人的愿望很卑微，无非是有一件遮体的衣服，有一点过活的口粮罢了。唐初经学家颜师古注释：“亵谓亲身之衣也。”西汉文学家司马相如在《美人赋》中记述了自己是如何闯过“美人关”的：“女乃弛其上服，表其亵衣。”女子已经脱掉了上衣，露出贴身的内衣，他依然不为所动。曹雪芹在《红楼梦》第六回的描写为人所熟知，贾宝玉梦游太虚幻境，与警幻仙姑初试云雨情，玷污了衣裤，袭人“趁众奶娘丫鬟不在房时，另取出一件中衣，与宝玉换上”。这里的“中衣”就是“亵衣”。

古代的罩衣叫“裼”，“裼”衣外加上一层外衣，谓之“正服”。古人说的“裳”在《说文解字》中作为“常”的异体字，指“下裙”，即“下裳”，“常”“裳”二字互训，可见“裳”就是裙。衣、裳相连的博大舒适的家居禅衣叫“襜褕”，博大宽松且没有袖端的衣服叫作“衫”。“裘”是古代常见的冬季服装，是一种皮衣，毛向外。“袍”“襺”也是御寒之服，区别在于絮在衣里子和面子之间的东西不同，絮新丝绵的为“襺（茧）”，絮乱麻和旧丝绵的叫“袍”。

20世纪80年代，著名作家沈从文完成了他的《中国古代服饰研究》，他认为服饰不只是穿衣戴帽那么简单，它背后折射出历朝历代的政治、军事、经济、文化、民俗、哲学、伦理，好似百科全书，包罗万象。

诗文雅韵

城中谣

东汉·佚名

城中好高髻，四方高一尺。

城中好广眉，四方且半额。

城中好大袖，四方全匹帛。

古语有云："上有所好，下必甚焉。""城中"其实就是身居高位的统治者所在的皇城，这里的一举一动，一颦一笑，牵一发而动全身，不仅引领着举国的"时尚"，更带来左右时局的"导向"。

这是一首歌谣，最早见于《后汉书·马廖传》。马廖在上呈皇帝的奏折中，引用了这首当时长安城里很流行的歌谣，意在向皇帝进谏，当时"世尚奢靡"的风气，根源在皇家，"百姓从行不从言也"。在这篇奏折中，马廖建议皇帝重视此种现象，从而能够"改政移风"。为了加强说理的效果，马廖在这首谣谚之前，还引用了另一则民间流传的俗谚："吴王好剑客，百姓多创瘢；楚王好细腰，宫中多饿死。"由此可见，在所谓"时尚"的背后，还藏着世风民俗、为政之道。

文史小贴士

《美人赋》

《美人赋》是西汉文学家司马相如的一篇辞赋名作，作者以“美人”自称，假托对梁孝王问，以辩其“心正于怀”“秉志不回”，自许为远胜孔墨之徒，坐怀不乱之君子。全文笔意轻灵，秀丽晓畅，是汉代抒情赋的佳作。

秋裤很土？古时候秋裤很小资

俗话说得好，“一场秋雨一场凉”。每当入秋，天气转凉，小伙伴们出门都会加上一条秋裤。细细想来，秋裤真是一项了不起的发明，不薄不厚的这么一层，保证你既美丽又不“冻人”。问题来了，中国古人穿秋裤吗？

回溯中国古代服饰的发展演变，在商、周以前是没有裤子的。华夏先民的服饰特点是上衣下裳，宽衣博带，“上曰衣，下曰裳”，下身穿的裳实际是裙，而不是裤。

据说，自商周时代，人们为了保暖防风，解决小腿受凉的问题，发明了一种能护住小腿的原始裤子，这就是胫衣。“胫”指小腿，“胫衣”就是套在小腿上的布筒。胫衣上面还有可以连到腰部的布带，这样把布带系在腰上，就能防止布筒下滑了。胫衣通常都穿在里面，其功用主要是防寒保暖，所以普通人家都会选用比较廉价的布料来缝制。但是有钱人就不在乎了，里里外外都要用上好的料子，连这胫衣也用丝绸、绢帛来做，这用丝织品来做的胫衣就叫作“纨绔”，“纨绔子弟”其实就是穿着高级秋裤的富家少年们。

黄色云龙妆花缎夹裤（清·顺治）

需要说明的是，在战国以前，中国古人穿的这种胫衣并不是今天意义上的裤子。因为胫衣是套在腿上的长布筒，充其量类似于我们今天的长筒袜；即使有布带系在腰间，那也不是裤子，因为它上边没有布料，没有裤裆，没有裤腰。中国古人穿的所谓“衣裳”，在我们今天看起来就是从上到下一身长衣。比如，春秋战国时期的女子穿“深衣”，就是上衣和下裳连在一起，下摆不开衩口，穿上去以后长长的衣襟直接向身后一掩，随身体缠绕，用腰带一扎，就穿好啦。

先秦时没有棉花，冬装有“袍”，袍是穿在里面的夹衣，内夹丝绵，充填些粗麻叫作缊袍。东汉末年刘熙作了一本书，叫作《释名》，专门探究事物名称的缘由。《释名》解释说：“袍，苞也。苞，内衣也。”这么看，先秦的秋裤就应该是“袍”。

在中国古代，人们通常把内衣称为“亵衣”，在“亵衣”的外面套上一层中衣，中衣通常是白色的：中衣的上装类似于今天衬衫的功能，穿正装时必备，但不可以见客；中衣下装的中裤就类似于今天的秋裤。

唐代，人们会用楮皮纸做衣服，称为“纸裘”。它不但御寒、耐穿，而且价格便宜，成为平民百姓居家生活之必备品。到了宋代，人们大都穿夹衣，苏轼在《初秋寄子由》中写道“子起寻夹衣，感叹执我手”。这种夹衣是一种有里有面，中间不衬垫棉絮的衣服，这种单层的、穿在外袍里面的裤子，就类似于今天的秋裤了。

古往今来，四季更替，即便是一条秋裤，亦能折射出古今异同，人世冷暖。相比中国古人穿的胫衣、袍、中衣、夹衣，今天的我们能穿上一条柔软、舒适的秋裤，已是文明大大的进步。

诗文雅韵

初秋寄子由

宋·苏轼

百川日夜逝，物我相随去。
惟有宿昔心，依然守故处。
忆在怀远驿，闭门秋暑中。
藜羹对书史，挥汗与子同。
西风忽凄厉，万叶穿户牖。
子起寻夹衣，感叹执我手。
朱颜不可恃，此语君勿疑。

别离恐不免，功名定难期。

当时已凄断，况此两衰老。

失途既难追，学道恨不早。

买田秋已议，筑室春堂成。

雪堂风雨夜，已作对床声。

宋神宗元丰四年（1081），苏轼贬谪黄州的第二年，在好友的帮助下求得城东一块土地耕种，此地即为“东坡”，苏轼从此自号“东坡居士”。又过了一年，苏轼在东坡的一块菜地上筑起了一圈矮墙，建造了一处厅堂。因为建成时正逢大雪，于是将之命名为“雪堂”，并写下了散文《雪堂记》。有研究者考证，就在苏轼建成黄州雪堂之后，写了几首诗寄给苏辙。其中，元丰六年（1083）秋天，怀念苏辙而写的诗有两首，一首是《初秋寄子由》，另一首是《闻子由为郡僚所捃，恐当去官》，这两首诗与词作《临江仙》在情调上有相同之处。苏轼在诗中回顾了兄弟二人在一起的时光，而且劝苏辙归隐、归农。继而，有研

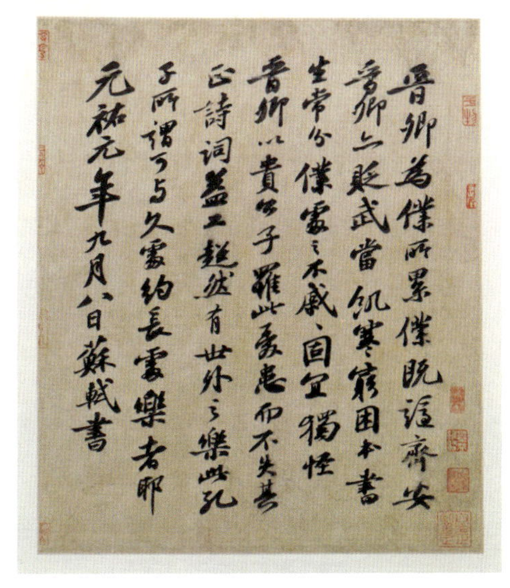
晉卿為僕所累僕既謫齊安
晉卿亦貶武當飢寒窮困本書
生常分僕處之不戚固宜獨怪
晉卿以貴公子罹此憂患而不失其
正詩詞益工超然有世外之樂此孔
子所謂可與久處約長處樂者耶
元祐元年九月八日蘇軾書

苏轼行书题王诜诗帖页（宋）

究者认定这几篇作品均出自同一个时期。

《唐宋诗醇》评价《初秋寄子由》："五言转韵，能一气旋折，笔愈转而情愈深，味愈长。此等诗，他人不能为，在集中亦惟与子由往复数章仅见之。"如此兄弟情深，十分难得。自古以来，兄弟阋墙、文人相轻者不在少数，但苏轼、苏辙兄弟却能在诗词唱和中相知相伴，在宦海沉浮中同进同退，在患难困顿中友爱弥笃，让人敬佩。

文史小贴士

《释名》

《释名》是我国首部辞源学专著，也是首部运用声训解释事物命名理据的著作，是汉代四大小学著作之一，由东汉学者刘熙撰写。此书试图说明一切词的"所以之意"，以声训探寻事物命名之源，保留了很多上古汉语的信息，对后世的训诂学影响很大。

刘熙，字成国，青州北海人（今山东潍坊），东汉学者。

棉花化作贴心小棉袄，穿越千年温暖你

寒冬时节棉衣保暖，这是常识。棉花进入人们日常生活化为寒冬里的小棉袄，大概经历了一千多年的岁月洗礼，穿越小半个地球，才来到我们的身边。

西汉时我国的西南和两广地区，最先从印度引入了树棉，当时被称为“梧桐木”“桐木”或“木绵”。也在这个时候，中国新疆地区通过丝绸之路引种了草棉，织出的棉布被称为“白叠布”。不过，无论是南方的棉花还是西域的棉花，都没有继续向中原地区引种，这时候古人们穿的主要还是葛、麻、丝绸做的衣服。曾几何时，普通百姓很难穿上丝织品，孟子有云：“五亩之宅，树之以桑，五十者可以衣帛矣。”意思是说，普通的人家，一个人积累到五十岁左右才可以穿到丝织品做的衣服。

唐代老百姓盖的被子也只是“布衾”，就

是粗布的被子。杜甫在《茅屋为秋风所破歌》中写道：“布衾多年冷似铁，娇儿恶卧踏里裂。”穷苦人家的日子不好过，深秋的冷风钻进破旧的茅屋，布被盖了多年，又冷又硬，像铁板似的。

宋朝年间，棉花的这个“棉”字开始出现在史书中。有学者据此认为，这便是棉花大规模引入中原的历史时期。到了元代，随着中外交往的频繁，棉花伴随阿拉伯商人的货船进入中国，农民逐渐放弃了亚麻和短絮棉花的种植，转而栽种棉花新品种。

宋末元初，年轻的黄道婆在海南向黎族人学到了先进的棉纺技术。元代元贞年间，她回到故乡，在松江府以东的乌泥泾镇（今上海市徐汇区）教人制棉，传授并推广“捍、弹、纺、织之具”和“错纱配色，综线挈花”等织造技术。她所织的被褥巾带，其上“折枝”“团凤”“棋局”字样，“粲然若写”。由于乌泥泾和松江一带人民迅速掌握了先进的织造技术，一时“乌泥泾被不胫而走，广传于大江南北”。当时的太仓、上海等县都

御制棉花图诗墨（清·乾隆）

加以仿效。棉纺织品色泽繁多，呈现出空前的盛况。黄道婆去世以后，松江府曾成为全国最大的棉纺织中心，松江布有“衣被天下”的美称。元代农学家王祯曾赞美棉花“不麻而布，不茧而絮”真有“衣被苍生”之利。

自明太祖朱元璋起，棉花种植得到大力推广，棉花的产量大为提升，棉布等棉织品开始进入寻常百姓家。明代文学家邱浚曾提到“其种乃遍布于天下，地无南北皆宜之，人无贫富皆赖之”，说明当时棉花已经成为十分普及的农作物了。

至清朝，发达的棉布生产业已经蜚声世界。康熙曾作《木棉赋》，誉称棉花之功“不在五谷下”。乾隆继位之后，也格外重视棉花生产，称“桑余之利，木棉最广”。方观承在《棉花图·跋》中也说：“无老幼贫富，取不穷而求易给，衣被天下之利博于隆古。”

现如今，我国仍是世界棉花播种和生产大国，根据《国家统计局关于2022年棉花产量的公告》，2022年全国棉花播种面积3000.3千公顷（4500.4万亩），全国棉花总产量597.7万吨。柔软的棉花，早已成为帮助我们抵挡冬日严寒的贴心小棉袄。

红色菊花纹绉绸大襟小棉袄（清·同治）

灌溉

清·乾隆

土厚由来产物良，却艰致水异南方。

辘轳汲井分畦溉，嗟我农民总是忙。

这首七言诗是清朝乾隆皇帝为《棉花图》题诗中的一首，描绘了种棉、打井、灌溉等农耕忙碌景象。

乾隆三十年（1765）四月，直隶总督方观承（1698—1768，字遐谷，安徽桐城人）向乾隆皇帝进献《棉花图》册。此册可谓图文并茂，将棉花从播种到染布的整个生产加工过程，工笔绘画十六幅图，分别为播种、灌溉、耘锄、摘尖、采棉、晒棉、收贩、轧花、弹花、拘节、纺线、挽经、布浆、上机、织布、练染等；还在册首恭录清圣祖康熙的《木棉赋并序》。同月，应方观承的请求，乾隆皇帝为这十六幅图分别题写了七言律诗一首；还

余省棉花图扇页（清）

准予每幅图的后面附上方观承写的七言绝句和技术说明，正式定名为《御题棉花图》。这些图不仅描绘了古代的田园风情和男耕女织的辛勤农事活动，还展示了当时农业生产的概貌和纺织生产的技术水平，堪称一部优秀的科普美术作品。

文史小贴士

黄道婆

黄道婆（1245—1330），又名黄婆、黄母，原松江府乌泥泾（今属上海市）人，宋末元初著名的棉纺织家，由于传授先进的纺织技术以及推广先进的纺织工具，而受到百姓的敬仰。

古人的帽子叫什么？

中国自古被称为“衣冠上国”“礼仪之邦”，古人对帽子的重视由来已久。

上古文献中并没有“帽”字，比较普遍的认知是“头衣”，又称“头服”“首服”“元服”。“元”字本义同“兀”，古金文的“兀”字像一个侧立的人形，人形上用一个圆点强调头部，这个圆点后来演化成一横。为了凸显头部就在上面又加了一横，成为甲骨文和金文中常见的“元”字。“（先轸）免胄入狄师，死焉。狄人归其元，面如生。”（《左传·僖公三十三年》）晋国名将先轸刚正英勇，因冒犯国君而自责不已，在与狄人交战中摘下头盔杀入敌军最终战死，狄人砍下他的头颅送还给晋国，他死后的面容看起来还像活着一样。这段记载中的“元”字，指的就是头。

上古贵族男子所戴的“元服”，又可以分

为“冠”“冕”和“弁”。“冠”是指普通的帽子，亦是贵族男子的常服。“男子二十，冠而字。”（《礼记·曲礼上》）意思是男子到了二十岁要行冠礼，并取“表字”。年轻男子行过冠礼就意味着已经成人，他的一举一动都要合乎封建道德，这是人生很重要的一个转变。“首服足以修敬，而不重也。”（《晏子春秋·内谏下》）帽子足可以表达敬意，而不求贵重。“人之有冠，犹宫室之有墙屋也。”（《国语·晋语六》）之所以有冠礼，就好比宫室有了墙和屋子，做人就有了规矩和方圆。

由于“冠”所具有的特殊意义，古人将戴冠视为关乎人格尊严的头等大事。卫国战乱中，孔子的弟子子路在战斗中被人砍断了系冠的缨，他说“君子死，冠不免。”（《左传·哀公十五年》）于是停下战斗来“结缨”，被敌方杀害了。齐景公大白天不戴冠而披着头发，驾着六匹马拉的车，载着宫中后妃从正门外出，“刖跪击其马而返之，曰：‘尔非吾君也。’景公惭而不朝。”受过刖刑的守门人拍打齐景公的马批评说：“你这副德行怎么配做我们的国君啊”，齐景公感到羞愧，自此不理朝政。不仅帝王将相如此这般，即便是平民也有“教养”。东汉开国名将马援未做官时，“敬事寡嫂，不冠不入庐。”（《后汉书·马援传》）这种传统一直贯穿在整个封建历史当中，陆游《老学庵笔记》卷二：“先左丞平居，朝章之外，惟服帽衫。归乡，幕客来，亦必著帽与坐，延以酒食。伯祖中大夫公每赴官，或从其子赴仕，必著帽，遍别乡曲。”

古人不戴冠的只有四种人：小孩儿、罪犯、异族人和平民。

古时候人们是不剪发的，小孩子生下来后任凭头发自然生长，长了就紧靠着发根扎在一起，叫作“总发”；也可以扎成左右两束，叫作“总角”。以“二十而冠”为分界点，二十岁以前未成人时垂发，称为“髫”。《后汉书·伏湛传》评价东汉初年大臣伏湛“髫发厉志，白首不衰”，意即年少时就磨炼志向，年老时也不衰退。

清末戏曲图横轴（清末）

古代有一种刑罚叫“髡”，即剃去头发，所以剃发受刑之人不用头衣。未受过髡刑的奴隶通常用青布束头，故称作“苍头”。远离中原的地区，文明开化较晚，通常都是披发，与留全发、戴冠的中原装束区别明显。平民不戴冠，但也要留全发，罩头巾，称为“帻”，其作用是盖住发髻、遮挡前额。汉武帝时，馆陶公主的情人董偃“带帻著韝（套袖一类的东西）”一改平日穿金戴银的骄奢之态，以奴仆的姿态博得皇帝同情，最终汉武帝“有诏赐衣冠上”，既给了他身份又默许了他与馆陶公主的私情。“绿帻谁家子，卖珠轻薄儿”（李白

顺治皇帝朝服像（清）

《古风》之八）就是借用“绿帻”讽刺那些靠不正当手段富贵骄横的人。

“冕”早先是天子、诸侯、大夫的祭服，后来只有帝王才可以戴冕有旒（又写作“瑬”，是冠上长方形板的前沿挂着的一串串小圆玉），于是“冕旒”就成为帝王们的代称，诗中有云“九天阊阖开宫殿，万国衣冠拜冕旒。”（王维《和贾至舍人早朝大明宫之作》）

“弁”是贵族所戴的比较尊贵的头衣。“皮弁”以鹿皮制作，由几块皮料拼接而成，皮块相连处饰以五彩玉石，称为“綦”（又作“琪”或“瑧”）。“爵弁”（亦称“雀弁”）其颜色与雀头相近，色彩是红中带黑，形制与冕略同，只是冠顶上的板前后相平，没有旒。

说来说去，“冠”“冕”“弁”虽然是三种不同的帽子，但它们都是古代男子的头服，可谓大同小异，因此也可以将古人的帽子统称为“冠”。

诗文雅韵

感遇

唐·陈子昂

朔风吹海树，萧条边已秋。亭上谁家子，哀哀明月楼。

自言幽燕客，结发事远游。赤丸杀公吏，白刃报私仇。

避仇至海上，被役此边州。故乡三千里，辽水复悠悠。

每愤胡兵入，常为汉国羞。何知七十战，白首未封侯！

此诗写一位生于幽燕的侠客，年轻时行侠仗义，为避仇而服兵役，忠心戍边卫国，有功却不得赏，作者借此抒发内心的愤懑。诗中的“结发”指男子成年。《礼记·曲礼上》：“人生十年曰幼，学；二十曰弱，冠。”意即十岁为幼年，主要的任务是学习；二十岁为弱年，要行冠礼，后代就以“弱冠”表示年龄。同时，因为戴冠就要束发，所以古人用“结发”“束发”表示二十岁。

文史小贴士

弱冠

古代男子二十岁行冠礼，以示成人，因体犹未壮，故称“弱冠”。后称男子年龄二十岁左右为“弱冠”。

古人睡瓷枕，好梦又安眠

每当人们浑身困乏的时候，总想舒服地休息一会儿，此时身边若有个柔软舒适的枕头，想必就能美美地睡上一觉了。仔细算一下，人的一生，有三分之一的时间花在了睡觉这件事上，这一方小小的枕头也就陪伴了我们大多数的睡梦时光。但是，古人睡的枕头和我们今天用的还不太一样。

说起“枕头”这个称呼到底是从何而来，还要讲一个三国时期和曹操有关的故事。一天夜里，曹操在军帐中挑灯夜读，到三更时分便止不住犯困，身旁的书童赶忙服侍曹操到卧榻上休息。但是，这卧榻之上散落了一些木匣兵书，一时间也来不及整理，书童就顺便把这木匣平放在床头。而曹操呢，想必是困倦极了，就稀里糊涂地往床铺一躺，把头直接枕在木匣上，沉沉地睡去。他醒来的时候，感觉很好，说自己昨晚睡得很香。书童见此状况，就依照木匣的形状制作出一种睡觉时用来垫起头部的用具，呈给曹操。曹操问这是何物，书童回答这是垫头的卧具，曹操随后将此物件命名为“枕头”，这就是“枕头”的由来。

与现代人不同，古人们睡觉喜欢用硬枕，贵族阶层尤其流行使用瓷枕。瓷枕兴于宋代，宋代的许多诗词都提到过瓷枕。比如，北宋著名词人晏几道的诗中写道：“罗幕夜犹寒，玉枕春先困”；南宋词人汪元量的词中写道：“绮席象床寒玉枕，美人何处醉黄花，和泪捻琵琶。”其中提到的“玉枕”，就是对瓷枕的美称了。

关于瓷枕的特点，可以从李清照的两首词中得到直观的感受。《醉花阴》写道：“佳节又重阳，玉枕纱厨，半夜凉初透。”已是深秋时令，又逢重阳佳节，爱人却不在身边，词人睡至半夜，玉枕孤眠，别有一番凄凉滋味，正是道出了瓷枕易凉的特点。瓷枕的上表面是向下凹陷的弧形，两端突起，正好可托住头部，因其形状似山，所以又叫作“山枕”。《蝶恋花》中“山枕斜欹，枕损钗头凤”说的就是瓷枕不如布枕柔软，李清照的睡姿又太过随意，于是把钗压坏了。

读到这里，我们不禁要问，既然瓷枕寒凉，又很坚硬，应该是不太舒服呀，为什么古人还对瓷枕情有独钟呢？

儒家礼仪认为，瓷枕与软枕相比，较沉重，不容易挪动，更容易使人保持一个良好的睡姿。而且，古人相信枕头硬，骨头才能硬，做人身板才能挺。李时珍在《本草纲目》一书中说，“久

长沙窑白釉绿彩枕（唐）

景德镇窑青白釉双狮枕（宋）

磁州窑白地黑花八方枕（宋）

磁州窑白地黑花“镇宅”铭狮纹枕（宋）

枕瓷枕，可清心明目，至老可读细书。”可见，古人认为瓷枕对身体康健是有好处的。再有，瓷枕性凉，正适合在炎炎夏日作为“避暑神器”，具有清凉解暑的功效。

定窑白釉孩儿枕（宋）

睡一晚好觉，做一夜好梦，古人对瓷枕寄予了很多浪漫的想象。唐代传奇《枕中记》、明代戏剧《邯郸记》等，都描写了主人公睡瓷枕引发的浪漫故事。清朝的乾隆皇帝曾在自己的瓷枕上题诗：“瓷枕通灵气，全胜玳与珊。眠云浑不觉，梦蝶更应安。”

从古至今，枕头的背后寄托着人们对于“好梦”与“安眠”的美好愿望。

诗文雅韵

菩萨蛮·水精帘里颇黎枕

唐·温庭筠

水精帘里颇黎枕，暖香惹梦鸳鸯锦。江上柳如烟，雁飞残月天。

藕丝秋色浅，人胜参差剪。双鬓隔香红，玉钗头上风。

温庭筠是花间派的开创者，他的词多写闺情，香软浓艳，笔触细腻，情调缠绵，词句工丽。这首词描写的主人公应该是一位年轻女子，词中写尽她的孤单处境和幽幽梦思。“水精”就是“水晶”，“颇黎”就是“玻璃”。“水精帘里颇黎枕”是说门窗上挂着水晶制成或者晶莹剔透似水晶的帘子，床上放着玻璃制成或者润滑光洁如玻璃般的枕头。这一句仅仅举出两件器物，便足见女子房中精致的陈设。“鸳鸯锦”即绣有鸳鸯图案的锦被，在这里有所指。《古诗十九首·客从远方来》中有云：“客从远方来，遗我一端绮。相去万余里，故人心尚尔。文采双鸳鸯，裁为合欢被。著以长相思，缘以结不解。以胶投漆中，谁能别离此？”显然，这“鸳鸯锦”代表浓浓的相思，而香炉熏过的被子，既暖且香，故能“惹梦”。于是“水精帘”“颇黎枕”“鸳鸯锦”三件器物交织而成的意象，点染了主人公悠远缥缈的梦思，让原本静止的画面变得暗香浮动、惹人遐想。

密县窑珍珠地鹦鹉纹枕（唐）

词的后一半写女子的衣着、头饰以及剪春盛的活动，反衬出她的美丽外形与美好心灵，隐约透露出她的满腹心事，更流露出词人对她的同情与怜惜。

文史小贴士

《枕中记》

《枕中记》是唐代小说家沈既济创作的一部传奇小说。小说写一位热衷功名的卢生在邯郸途中借了道士吕翁的青瓷枕睡觉，梦中娶了高门女，又中了进士，出将入相，享尽荣华富贵，而一觉醒来，店主人蒸的黄粱饭还没有熟。于是，卢生大彻大悟。后来，此故事一再被人续写改编，如元朝马致远所作《邯郸道省悟黄粱梦》，明朝汤显祖改编《邯郸记》，清代蒲松龄所作《续黄粱》。

古人抱着《诗经》给娃取名

俗语有云“赐子千金，不如教子一艺；教子一艺，不如赐子好名。”又说“雁过留声，人过留名”。现如今的家长，恨不得抱着字典给娃取名，一门心思把所有好听的、文雅的、吉祥的字眼塞进儿女的名字中，以表达心中美好的祝愿。古人也有妙招，他们抱着的宝典就是《诗经》，从中取得一个个文雅的名字，形成了一道独特的风景线。

秦始皇的长子名叫“扶苏”，这个名字出

马和之诗经·小雅·节南山之什图卷（南宋）

自《诗经·郑风》：“山有扶苏，隰有荷华”，这句话是说山上有枝叶茂盛的大树，池塘里有美艳清丽的荷花，扶苏指枝叶繁茂的大树。

西汉著名辞赋家枚乘，字叔，这个“乘”和“叔”都来自于《诗经·郑风·大叔于田》：“叔于田，乘乘马。执辔如组，两骖如舞。”此诗以铺张手法生动描写了打猎的具体场面，歌颂了一个能骑善射的青年猎手：说这个男子出门打猎，乘着四匹马拉的大车奔跑，他抖动着缰绳如纵横编织，车辕两旁的马儿奔跑起来像是在舞蹈一样。

三国时期蜀国丞相诸葛亮，字孔明，这个“孔明”出自《诗经·小雅·信南山》：“是烝是享，苾苾芬芬。祀事孔明，先祖是皇。报以介福，万寿无疆。”这是一首周王室祭祖祈福的乐歌，“孔明”就是完备周详的意思，这也正是诸葛亮为人处事的性格特点。

唐朝初年有一位著名的宰相叫杜如晦，其名出自《诗经·郑风·风雨》，原文作“风雨如晦，鸡鸣不已。”本来是写一位妻

马和之鹿鸣之什图卷（南宋）

马和之豳风图卷（南宋）

子在一个风雨交加且天地昏暗、鸡鸣之声此起彼伏的日子，见到了久别的丈夫。后来常被仁人志士借来自勉，鼓励自己为实现远大理想而奋斗不止。

北宋著名词人周邦彦的名字出自《诗经·郑风·羔裘》："彼其之子，邦之彦兮。""邦彦"就是国家德才出众的俊杰。

清代小说家吴敬梓的名字出自《诗经·小雅·小弁》，原文作"维桑与梓，必恭敬止。"此处，桑梓代表父母。敬梓，是希望孩子对养育自己的父母恭敬孝顺。

有空再仔细读一下《诗经》吧，用《诗经》里的文字取名字，真是太有诗意了！顺便说一句，我们身边的科学家，诺贝尔医学奖获得者、药学家屠呦呦的名字也出自《诗经》。据说屠呦呦出生时，父亲屠濂规听到其哭声呦呦，随口吟诵出《诗经·小雅·鹿鸣》中的诗句："呦呦鹿鸣，食野之蒿"，并为其取名"呦呦"；然后他又对仗了一句"蒿草青青，报之春晖"。这四句满满童话的诗，使呦呦度过了诗意的童年。这是多么美妙的巧合，这个名字好似预言到了屠呦呦与青蒿素的不解之缘。

诗文雅韵

游鹊山院

北宋·陈师道

积石横成岭，行杨密映门。

人声隐林杪，僧舍绕云根。

顿摄尘缘尽，方知象教尊。

只应羊叔子，名字与山存。

北宋文学家陈师道寓居曹州（今山东菏泽曹县）期间，曾游历东平、梁山、济南等地。在济南，他登上鹊山，寻访泰山名士羊祜遗踪，因而诗中留下了“只应羊叔子，名字与山存”的诗句。“羊叔子”即魏晋时期著名的政治家羊祜（字叔子，泰山南城人），《晋书》卷三十四《羊祜传》记载：“博学能属文，美须眉，善谈论。”羊祜为人隐忍守成，他助力司马氏取代曹魏政权，又为西晋制定了取代孙吴的战略，被公认为西晋开国元勋，成就了一番事业。据此，陈师道在诗中表达了对羊祜的敬仰之情，认为他的名字与泰山共存。

文史小贴士

古人的“名”和“字”

在中国古代，一个人的“名”和“字”是两个不同概念。《礼记·檀弓上》说：“幼名，冠字。”意思是说，一个人小时候称呼名，成人以后称呼字。唐代经学家孔颖达解释说：“始生三月而始加名，故云幼名；年二十有为父之道，朋友等类不可复呼其名，故冠而加字。”《仪礼·士冠礼》记载：“冠而字之，敬其名也。”君父之前称名，他人则称字也。由此可见，男子在二十岁成人礼即“冠礼”后要称呼字，君主和长辈还可以称呼名。而女子在十五岁时要举行“结发加笄”之礼，以示可以嫁人了，这时也要取字。在及笄取字之前，叫“未字”或“待字”。因此，古时形容未婚或未成年的女子为“待字闺中”。

古人取名太有趣：无限的爱，还有无限的梗

现如今，家长给孩子取名字时抱着《诗经》《楚辞》不在少数。而在《诗经》《楚辞》诞生的先秦时期，古人取名却十分有趣。

春秋时期齐国的第十五位国君，即春秋五霸之首的齐桓公，名“小白”，今天听起来一点儿也不霸气。而春秋五霸中的第二位霸主晋文公，名“重耳”，听起来也不霸气。

在春秋时期，还有更奇葩的人名，此人名叫公孙虿。这个字不一般，念“chài”，一个“万”字，一个“虫”字，指蝎子一类的毒虫。这个字听起来就让人毛骨悚然，却被堂而皇之地用在了人名里，据《左传》记载，春秋时期有两个公孙虿，一个是郑国的，一个是齐国的。

还有更好玩的。《国语·周语下》有一段记载：“且吾闻成公之生也，其母梦神规其臀

以墨……故名之曰‘黑臀’。”说的是晋文公（重耳）的儿子，也就是后来的晋成公，他出生的时候，妈妈梦见神在他屁股上用墨画了一个圈，于是取名为“黑臀”。因为屁股上有块胎记，直接被取进名字而流传千古，这名字也是没谁了。这个时代，名字里有“黑”的人物还真不少：楚国公子黑肱，卫国公子黑背，郑国的公孙黑，孔夫子的弟子狄黑。这四位人物名里带“黑”，字也相似，要么字子皙，要么字皙（析），而“皙”是皮肤白的意思。

有人研究，在东晋以前，人名多为单字，之后双字名开始增多。东晋书法家王羲之，这一家人的名字就很有特点：王羲之，名字里有“之”；你再看他的儿子们，王玄之、王凝之、王焕之、王肃之、王徽之、王操之、王献之，真是一“之”到底呀。

唐代，人名还受到了宗教的影响，被称为“诗佛”的王维字

帝王名臣像册之王羲之（清）

“摩诘”，以示对佛教菩萨维摩诘的崇尚。在敦煌文书中，可以看到许多这样的人名：夜叉、法戒、罗汉、僧正、阇梨等，反映出许多民众可能都是虔诚的佛教信徒。当然，也有信道教的，名字直接叫“妙妙”“仙仙”“狐仙”的也大有人在。唐朝的粟特人崇拜狗，于是人名中大量出现了与“狗”谐音的“苟”字。比如叫“苟苟”“苟奴”“苟字”“苟儿”，这些人名也在民族交流的过程中渗透进了汉族家庭。

仔细研究苏轼及其弟苏辙的名字，也很有趣。兄弟二人的名字皆出自《左传·庄公十年》中的《曹刿论战》：“下视其辙，登轼而望之，曰：‘可矣。’遂逐齐师。”苏轼名字中的“轼”字，《说文解字》解释为“轼，车前也。”是指设在车箱前面供人凭倚的横木。而其字“子瞻”，则直接出自“登轼而望之”中的“望”，正好符合苏轼少年时期踌躇满志的张扬作风。苏辙名字中的“辙”本义是指车迹，即车轮碾过的痕迹，对应“下，视其辙”。字“子由”，有仿效、依循之意，即跟着别人走的意思。相比较而言，弟弟苏辙在为人处世方面确实比苏轼内敛许多。

古人的名字，也是一种重要的史料，我们可以从语言、文字、历史等各个角度去深入研究，一探究竟。

饮酒二十首同苏翰林先生次韵追和陶渊明·其二

北宋·晁补之

沉饮非荒宴，凛然忽颓山。
或人欲问事，已醉不能言。
古来亦如此，名字垂千年。
但问酒中适，岂计饮者传。

在古人看来，名字与一个人终生相伴，不离不弃；人终有一死，但是名字却可以永存。因此，晁补之在诗中感慨“古来亦如此，名字垂千年。”名字不因冠名者的逝去而消逝，名字可以与天地同寿，与日月同辉。俗话说“人过留名，雁过留声”，每一个有文化追求的人，都会格外珍视自己的名字，甚至把名字看作是人生价值的重要载体。三国时期魏国第二位皇帝曹叡在《月重轮行》一诗中写道：“天地无穷，人命有终；立功扬名，行之在躬；圣贤度量，得为道中。”

仔细研究晁补之的名字，“名”与“字”之间其实有密切的联系。清代学者王引之写过一部《春秋名字解诂》，总结出古人“名”与“字”意义相应的几种条例，其中一条便是“连类”，即“名”与“字”的意思相类似，关联紧密。晁补之字无咎，因能“补”过才能“无咎”，互为“连类”，关系紧密。

晁补之是北宋时期著名的文学家，也是“苏门四学士”之一。据史料记载，青年时代的晁补之对苏轼十分仰慕，身为一名正在课业待试的考生，先后两次写《上苏公书》请求拜于苏轼门下，二十岁时终于如愿。在文学创作上，晁补之得到了苏轼的悉心教导，进步很快。

文史小贴士

粟特人

粟特人原是古代生活在中亚阿姆河与锡尔河一带操伊朗语族东伊朗语支的古老民族，从我国的东汉时期直至宋代，往来活跃在丝绸之路上，以长于经商闻名于欧亚大陆。

古人的小名如此有趣

在中国古代，上至帝王将相，下至黎民百姓，很多人都有小名，而且有些小名极为有趣，了解之后让人脑洞大开，不得不佩服古人取小名的套路真是不拘一格。

有传说，西汉第七位皇帝汉武帝刘彻，小名彘儿。这个“彘”就是“豕”，也就是“猪”，“彘儿”就是小猪猪的意思呀！难道赫赫有名的汉武大帝，儿时的小名竟然是“猪猪”？其实，正史里从没有这样的记载，相关的说法都是从一本野史中来的，这本古代的志怪小说叫作《汉武故事》。所以，您一定要分清楚了，历史是历史，小说是小说，汉武帝的这个小名，只能当笑话听，不能信以为真的。

但是，汉武帝的曾孙，后来的汉宣帝刘询却有一个小名叫“病已”。这是一位生于忧患的帝王，一出生就陷入政治斗争的漩涡。自己

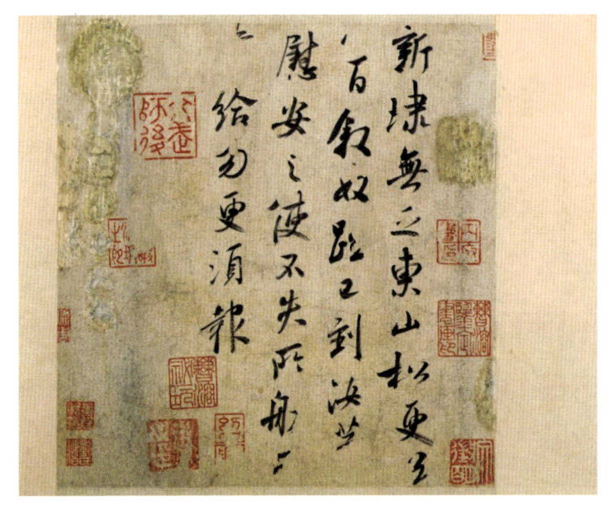

王献之行书东山松帖页（晋）

的太爷爷设计借助诬告铲除了自己爷爷整个家族，而自己则是整个家族中唯一的幸存者。尚在襁褓中的小刘询，虽幸免被杀，却被送进了大牢，成了大汉帝国年龄最小的囚犯。狱史邴吉看他无辜可怜，就私下里保全了他，由于生活环境不好，年幼的刘询常常生病，为了让他快点好，抚养他的人就给他取了一个小名“病已”。

南朝宋武帝刘裕，小名寄奴，后来还被辛弃疾写到了词里，《永遇乐·京口北固亭怀古》中写道：“寻常巷陌，人道寄奴曾住”；唐玄宗李隆基，小名“三郎”，少有英才，不仅擅长音律书法，还自小喜欢打马球，当时民谣唱道：“三郎少时衣不整，迷恋马球忘回宫。”宋太祖赵匡胤，小名“香孩儿”，这名字很有趣，据说是他生下来时异香扑鼻，所以得此小名。还有传说，东晋书法家王献之小名“官奴”，画家顾恺之小名“虎头”，诗人陶渊明小名“溪狗”，等等。

历史上，也有不少辑录和记载小名的著作，比如晚唐文学家陆龟蒙编撰的《小名录》三卷，书中汇集了秦代至南北朝、隋朝八百年间著名人物的小名；到了宋代和明代，还有学者续编，这小名的故事可谓流传久远。

诗文雅韵

一丛花令

宋·张先

伤高怀远几时穷？无物似情浓。离愁正引千丝乱，更东陌、飞絮蒙蒙。嘶骑渐遥，征尘不断，何处认郎踪。

双鸳池沼水溶溶，南北小桡通。梯横画阁黄昏后，又还是、斜月帘栊。沉恨细思，不如桃杏，犹解嫁东风。

张先（990—1078）是北宋词坛婉约派的代表人物，这首《一丛花令》便是他的代表作。南宋学者杨湜在《古今词话》中介绍了这首词的背景：“张先字子野，尝与一尼私约。其老尼性严，每卧于池岛中一小阁上。俟夜深人静，其尼潜下梯，俾子野登阁相遇。临别，子野不胜惓惓，作《一丛花》词以道其怀。”

南宋文人范公偁在《过庭录》中提到：“张先子野郎中《一从花》词云：‘沉恨细思，不如桃杏，犹解嫁东风’一时盛传。”

文史小贴士

桃杏嫁东风郎中

在中国古代，一些文人由于其作品中的出彩之词或精巧诗句，往往被世人赋予一个绰号，这些绰号不仅为人津津乐道，而且在某种程度上也是这些文人艺术成就的总结，成为他们独特的个性标签。

欧阳永叔尤爱之，恨未识其人。子野家南地，以故至都谒永叔。阍者以通，永叔倒屣迎之曰："此乃桃杏嫁东风郎中。"说的是欧阳修非常喜爱这首词，一直想亲眼见一见张先。等到张先登门拜访的时候，欧阳修热情地称他为"桃杏嫁东风郎中"（当时张的官职为郎中），于是"桃杏嫁东风郎中"便传为美谈。张先的词中有"心中事、眼中泪、意中人"三个短语，因此就有了"张三中"的绰号。由于他善于写"影"，时人曾根据他词中的三个佳句，将他誉之为"张三影"。

古人也有身份证，样子还挺可爱

现代社会人人都有身份证，它是个人信息的外用“标识”。但是，在中国古代，普通老百姓可没有这份待遇，那年头有身份证的人，确实是“有身份的人”。

战国时期，秦国的“商鞅变法”推行了一种类似于“身份证”的户籍管理措施——照身帖。一块光滑的竹板，上面有持证人的姓名、职业、画像和公章。秦国要求人人有身份证明，否则会被重罚。如果店家私自留宿没有照

昇平署腰牌与门照（清·光绪）

辟大夫虎符（战国）

临袁侯铜虎符（西汉早期）

铜单“左”字虎符（六朝）

身帖的人，被查出将治重罪。后来，商鞅逃亡时由于拿不出自己发明的身份证件，遭人举报后被抓。

隋唐时期的身份证，实质上是一种“官员证”，朝廷给每位官员颁发一个“鱼符”。这种东西形状就是一条鱼，分左右两片，上面凿一个小孔，用来系挂。“鱼符”上还刻有官员姓名、任职衙门及官居品级等。《新唐书·车服志》说：“随身鱼符者，以明贵贱，应召命。”这就说明“鱼符”的主要用途是证明官员的身份，便于应召出入宫门验证时所用。

到了武则天时期，“鱼符”改为“龟符”。当然“龟符”持续的时间不长，后来随着武则天的逝去而消失，却为后人留下了一个耳熟能详的词汇——金龟婿。当时，朝廷向官员颁发的这个“符”，会按照官阶的高低，使用不同的材质。亲王、三品以上的高官用金子做“符”；五品以上的官员用银子做“符”；六品以下的官员用铜做“符”。“金龟婿”顾名思义，这家女儿嫁的老公，天天挂一个“金龟符”，至少也是一位朝廷的三品大员，这可是光耀门第的大喜事儿，所以“金龟婿”求之不得。唐朝李商隐有诗云：“为有云屏无限娇，凤城寒尽怕春宵。无端嫁得金龟婿，辜负香衾事早朝。”虽然嫁给了“金龟婿”，但是“金龟婿”是很忙的，怎么能总赖在暖被窝里呢，人家要早早上朝办差呀。

明朝设有保管、发放符牌的专门机构“尚宝司”，其管理的符牌主要有八种：一是“金牌”，使用的人群为“勋戚侍卫之扈从及班直者、巡朝者、夜宿卫者”；二是“半字铜符”，使用的人群为“巡城侍卫官”；三是“令牌”，使用者为“金吾诸卫之警夜者”；四是“铜牌”，使用的人群为“守卒”；五是“牙牌”，使用人群为皇室贵族（公、侯、伯、驸马都尉）、文武百官、教坊司人员等；六是“祭牌”，使用人群为“陪祀官”“供事官”“执事官”等；七是“双鱼铜牌”，使用人群为“直卫锦衣校尉”“光禄胥役之供事者”；八是“符验”，使用人群为“亲王之藩及文武出镇抚、行人通使命者”“御史出巡察”等。（参见《明史》卷七四《职官志三》）明朝人陆容写了一本《菽园杂记》，上面记载：牙牌不但官员们悬之，凡在内府出入者，无论贵贱皆悬牌，以避嫌疑。这说明，明代身份证的用处已不仅局限于官员们，开始向中下阶层普及了。

到了清代，牙牌少了，腰牌多了，而且腰牌上的个人信息更全面了：姓名、年龄、单位、职业、官衔等。高级点的腰牌居然还刻有持牌人的面部特征——即使腰牌丢失被他人捡到，也无法冒用，这是一种“防伪”手段。

从“照身帖”“鱼符”“龟符”，到“牙牌”“腰牌”，中国古人的身份凭证折射出不同时期的社会风貌。

得都下八月书报蒙恩牧叙州

宋·陆游

凤城书到锦江边，故里归期愈渺然。

掌上山川初入梦，壶中日月尚经年。

方轮落落难推谷，倦马骎骎怕著鞭。

未佩鱼符无吏责，看花且作拾遗颠。

宋代时“鱼符”被视作一种重要的职责凭证，显示一个人的官阶和地位，也彰显他所拥有的权力和责任。陆游的一生多有磨难，常常失意。他二十九岁考进士，文章虽好，却因秦桧的排挤而落第；后做过隆兴和夔州通判、礼部郎中，几次因主战而遭黜免，晚年归老故乡。“自许封侯在万里，有谁知？鬓虽残，心未死”（《夜游宫·记梦寄师伯浑》），渴望建功立业，却又不被理解，烈士暮年，壮心不已；“塞上长城空自许，镜中衰鬓已先斑”（《书愤》），壮志未酬，理想落空，满满的伤感，此诗中“方轮落落难推谷，倦马骎骎怕著鞭”已有疲倦、无奈之感，“未佩鱼符无吏责，看花且做拾遗颠”更似有罢官蛰居之意。

文史小贴士

《菽园杂记》

《菽园杂记》是明代的一部史料笔记著作，作者为陆容。全书共十五卷，对明代朝野史事、掌故等叙述详细，被同时代的王鏊称为明朝记事书第一。其中所记的明代典制、故事，多为《明史》所未详；旁及学术及杂事，多有考辨，能发表个人的独立见解。所记明代手工业发展情况，十分宝贵。

陆容，字文量，号式斋，苏州太仓（今属江苏）人，明宪宗成化间进士，官至浙江右参政。

其实童心最重要

说到中国古代的“神童”，有一个最具中国特色的称谓叫作“奇童”。早在汉代察举制度里，就有选拔“奇童”的惯例。

唐宋期间，官府有更加完善的童子科。明代对“奇”更加重视，如果某个地方发现了一个超级小孩儿，经过地方官员举荐，再经过朝廷认可，官方会给这个孩子下一个资格认定，有了这个资格认定，这孩子就算是被贴上了重点培养的标签，将来走仕途做官，是一个不错

清金廷标戏婴图轴（局部）

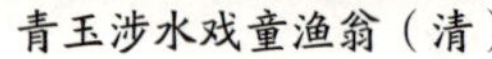
青玉涉水戏童渔翁（清）

青金石牧童骑牛（清）

的敲门砖。

但实事求是地讲，世间哪有那么多“神童”？许多孩子也不过是“早慧”罢了，也就是智力发展比较快，显示出一定的潜力和资质，用现在的话来说，智商比较高，如果悉心培养说不定将来会成才。

中国古人比较客观、理性，对“奇童”一类的超级小孩儿保持谨慎乐观的态度，甚至还有“小时了了，大未必佳”的说法，即小时候聪明，长大了未必出息，不能高兴太早。

知名度最高的一个例子，就是王安石写过一篇《伤仲永》的文章，告诫大家，虽然方仲永小时候智力超群，五岁时赋诗写字，颇有文采被誉为“神童”。但是他的父亲以此为噱头，让孩子卖字卖诗赚钱，带着孩子四处吆喝、追名逐利，却没有教育孩子努力学习，多年后仲永“泯然众人矣”。王安石说：“仲永之通悟，受之天也。其受之天也，贤于材人远矣。卒之为众人，则其受于人者不至也。”王安石告诫后人，不可单纯依靠天资而不去刻苦学习，必须重视后天的教育和培养。这个道理，也是从小到大班主任在我们耳边反复敲打的：小明呀，学习要用功努力，可不能耍小聪明呀！

一个孩子的成长，就好像一棵幼苗的成长，需要阳光、空气和水，需要土壤和肥料，需要浇灌与呵护。可是一个人若真的长大了，就要经风沐雨，在社会上摔打，既要保持天赋，又要一路“过关打怪”，走向人生巅峰。

明代文学家李贽说：“道理闻见日以益多，则所知所觉日以益广，于是焉又知美名之可好也，而务欲以扬之而童心失。知不美之名之可丑也，而务欲以掩之而童心失。”在社会上感性的见闻和理性的道理听得多了，美丑善恶、是非对错都要拿捏考虑，人渐渐地变成熟了，但也慢慢地失去了童心。

其实，小孩子最可贵的不是“奇童”也不是“早慧”，而是一颗纯洁的童心。“幼女才六岁，未知巧与拙。向夜在堂前，学人拜新月。”不解世事，纯真恬静。“小娃撑小艇，偷采白莲回。不解藏踪迹，浮萍一道开。”如此天真顽皮谁能不爱，每个成年人都幻想自己能回到无拘无束的孩童时代。

奥地利动物学家卡尔·冯·符利士（1886—1982）关于蜜蜂行为的研究早已成为科学史上的一段佳话。他出生在维也纳的一个贵族家庭，小时候常常站在田野中观察蜜蜂，长时间呆呆地凝望着蜂箱附近上下飞舞的蜂群。在他的眼里，蜜蜂的飞行并非毫无秩序可言，而是一种有节律的“舞蹈”。后来，他终生致力于动物学研究，还常年担任“蜜蜂研究协会”的主席，获得了1973年诺贝尔生理学及医学奖。他的一句名言是：“如果你能保持童心，细心地从事观察研究，并且健康长寿，那么，你就有可能获得诺贝尔奖。”

诗文雅韵

童趣[1]

清・沈复

余忆童稚时，能张目对日，明察秋毫。见藐小微物，必细察其纹理，故时有物外之趣。

夏蚊成雷，私拟作群鹤舞空。心之所向，则或千或百，果然鹤也；昂首观之，项为之强。又留蚊于素帐中，徐喷以烟，使其冲烟飞鸣，作青云白鹤观，果如鹤唳云端，怡然称快。

于土墙凹凸处，花台小草丛杂处，常蹲其身，使与台齐，定神细视：以丛草为林，以虫蚁为兽，以土砾凸者为丘，凹者为壑，神游其中，怡然自得。

一日，见二虫斗草间，观之正浓。忽有庞然大物，拔山倒树而来，盖一癞蛤蟆也，舌一吐而二虫尽为所吞。余年幼，方出神，不觉呀然惊恐。神定，捉虾蟆，鞭数十，驱之别院。年长思之，二虫之斗，盖图奸不从也，古语云“奸近杀”，虫亦然耶？贪此生涯，卵为蚯蚓所哈（吴俗称阳曰卵），肿不能便，捉鸭开口哈之，

---

1 节选自（清）沈复著．浮生六记［M］．天津：天津人民出版社，2015.08. 第150—151，题目为本书作者所加。

婢妪偶释手，鸭颠其颈作吞噬状，惊而大哭，传为语柄。此皆幼时闲情也。

这段文字出自清代文学家沈复的自传体散文《浮生六记》，记录了作者日常生活中的闲情逸致和审美体验，尤其是其中的一份“童心”，十分难得。

第一段总写童年对世界充满好奇，喜欢细致观察事物，常常有意想不到的乐趣。“张目对日，明察秋毫”的描写十分传神，生动地刻画出“童眼看世界”的惊喜与神奇，一个稚气未脱、天真烂漫的孩童形象跃然于纸上。“见藐小微物，必细察其纹理”说明小孩子好奇心大，求知欲强，对事物充满兴趣，总想一探究竟。

第二段、第三段、第四段具体描写童年观察世界获得的奇趣。先写夏天观察蚊飞的乐趣，“夏蚊成雷，私拟作群鹤舞空”体现出小孩子想象力丰富。再写“我”观察土墙、花台和小虫争斗的乐趣，“以丛草为林，以虫蚁为兽”表现了小孩子的“神游”，观虫斗、驱虾蟆的情节，以及被蚯蚓咬伤、被鸭子吓哭的故事，更将小孩子的顽皮刻画得惟妙惟肖。这就是“童心”，可以使我们在喧嚣的世俗中体味纯真的价值，在纷繁的世事中获得简单、清爽的快乐。

文史小贴士

李贽与“童心说”

李贽（1527—1602），号卓吾，别号温陵居士，泉州晋江（今属福建）人，明代思想家、文学家。曾为官二十余年，后弃官不做，专心讲学。曾师从泰州学派的学者王襞，继承泰州学派思想成一代宗师。主张“绝假还真、真情实感”的“童心说”，批判程朱理学的虚伪，反对封建礼教的禁锢；同情百姓疾苦，主张个性自由；批判重农抑商，倡导功利价值；直至抨击时政，公然宣称自己的著作是“离经叛道之作”。后被诬“异端邪说”囚于通州，死于狱中。其学说符合明朝中后期资本主义萌芽的历史要求，对晚明思想、文学有着重要影响。

孔融的智商、情商都很高

现如今的家长，都希望自己的孩子好好学习、天天向上，最好是成绩优秀、样样出色，大家抱着“望子成龙、望女成凤”的期望，正应了那句话“可怜天下父母心”。

在中国古代，也有许多“别人家的孩子”，这些超级小孩儿名传千古。其中，我们最熟悉的一个就是“孔融让梨”的故事了。《三字经》中有“融四岁，能让梨”的说法，说的是孔融小时候就知道把大个的梨让给哥哥吃，这真是一个懂事明理的好孩子。

小时候的孔融不仅聪明，还很有志气，看不得大人逗小孩儿，不甘示弱，必要时还敢怼大人。《世说新语》里记载了这样一个故事：“孔文举年十岁，随父到洛。时李元礼有盛名，为司隶校尉。诣门者皆俊才清称及中表亲戚乃通。文举至门，谓吏曰：‘我是李府君

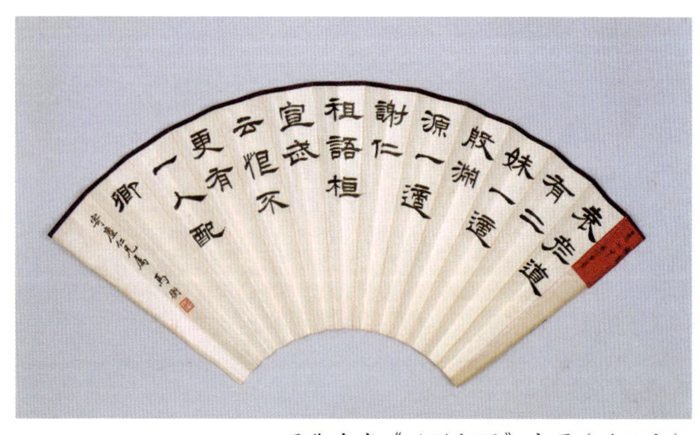

马衡隶书《世说新语》扇页（近现代）

亲。’既通，前坐。”说的是在孔融十岁的时候，跟着父亲来到洛阳，父子二人去李膺（字元礼）的府上拜访。当年，李膺官做得很大，要想敲开他家的门，要么是有头有脸的名流雅士，要么和李府沾亲带故，否则李府的门卫这一关都过不了。孔融来到府前告诉门卫，自己和李膺是亲戚，于是顺利地进门拜访，还被请到堂前就座。“元礼问曰：‘君与仆有何亲？’对曰：‘昔先君仲尼与君先人伯阳有师资之尊，是仆与君奕世为通好也。’”不一会儿，李膺大人出来接见客人了，他问孔融父子，咱们是什么亲戚呀？我怎么不记得了？孔融回答说：我姓孔，孔子的后人，当年孔子曾经拜李氏的祖先为师，所以咱们五百年前是一家人，如今世世代代都是亲戚。“元礼及宾客莫不奇之”，李膺和诸位宾客这才明白，原来根本就不是什么直系亲属，不过听了小朋友的这套言辞，觉得这孩子聪明、健谈，是个人才。

“太中大夫陈韪后至，人以其语语之，韪曰：‘小时了了，大未必佳。’”又过了一会儿，太中大夫陈韪也来做客，众人就把刚刚发生的一幕讲给他，把刚才孔融说的话学给他听。这陈韪根本没把这小屁孩儿当回事，随口说了一句：别看小时候这么聪明，长大了未必有出息。这句话一出口，超级小孩孔融不高兴了，他不满于眼前的这位大人欺负自己年纪小，于是毫不客气地回怼陈韪，说了这么一句话："想君小时，必当了了。"意思是，这么看来，您小时候倒是挺聪明的呀！言外之意，你这个大人一点都不厚道，出言不逊，欺负我是小孩子，我用你的话打你的脸，也让你难堪一下。"韪大踧踖"，这番话给陈韪怼得十分尴尬。

历史上的孔融，是东汉末年的文学家，"建安七子"之一。他家学渊源，是孔子的二十世孙，少有异才，勤奋好学，做过官，能诗善文，堪称一代才俊。

诗文雅韵

杂诗

东汉·孔融

远送新行客，岁暮乃来归。
入门望爱子，妻妾向人悲。
闻子不可见，日已潜光辉。
"孤坟在西北，常念君来迟。"
褰裳上墟丘，但见蒿与薇。
白骨归黄泉，肌体乘尘飞。

生时不识父，死后知我谁？

孤魂游穷暮，飘飘安所依？

人生图嗣息，尔死我念追。

俯仰内伤心，不觉泪沾衣。

人生自有命，但恨生日希。

在很多人的印象中，孔融自幼聪明，闻名乡里，堪称“别人家的孩子”。于是人们很自然地推想，成年后的孔融大概率应该是建功立业、人生幸福。实则不然，孔融一生善属诗文，恃才负气，起起落落，最终为曹操所忌，枉状构罪，甚至全家被杀。

孔融为“建安七子”之一，文才甚丰，这首《杂诗》记录了他人生中的悲痛时刻，声象历历，感人肺腑。据诗文集《古文苑》记载：“文举遇害，男女长幼凡四子，操皆杀之。此子殁于孩提，史不载。”

开头的六句，描绘出悲惨的人生画面：本应是一个幸福的家庭，夫妇厮守、爱子在前，共享天伦之乐，可是自己为生计所迫，抛妻别子作远道“新行”，岁暮归来满心期待，却听闻噩耗，希望破灭。这六句，文字朴实，近乎白描，情感跌宕起伏，令人动容。“孤坟”二字写出了死者的寂寞凄凉，“常念”二字言说了心中的彻骨悲伤，“迟”字又道尽人生的心酸与无奈。作者曲折回环的悲痛在字里行间流动，相较于杜甫的“入门闻号咷，幼子饥已卒”（《自京赴奉先县咏怀五百字》），此诗“更深可哀”（《古诗源》）。

作为孔融传世的七首诗之一，诗中痛悼幼子夭折的哀辞，让人不禁想起孔融全家被杀时随他赴死的一对儿女最后的遗言“岂见覆巢之下，复有完卵乎？”对照此诗中的“生时不识父，死后知我谁？”“人生自有命，但恨生日希。”皆是痛彻心扉的诉说，令人扼腕。“孩子，你怎样长大？”于乱世之中，身为人臣又为人父，孔融走不出历史的桎梏，没能延续少年时的那份聪颖和幸运，实在是莫大的遗憾。

文史小贴士

建安七子

建安七子是建安（汉献帝年号，196—219）时期七位文学家的合称，被视为建安文学极盛时期的七位代表性人物，即孔融、陈琳、王粲、徐幹、阮瑀、应玚、刘桢。七子之称始见于曹丕的《典论·论文》，作品以诗、赋、散文三种文体最多，其中王粲的文学成就最高，陈林次之。

古代老师也苦恼，让人头疼的熊孩子

每逢开学，家长们时常挂在嘴边的一句话就是：收收心吧，别玩了，新学期开始啦！班主任也是煞费苦心，天天和班上调皮捣蛋的熊孩子们斗智斗勇。

在中国古代，老师们也有同样的遭遇。新疆阿斯塔那唐墓出土了一卷《论语·郑氏注》，抄写者是一个十二岁的孩子，名叫卜天寿，是“西州高昌县宁昌乡厚风里义学生”。这卷论语应该是当时的课本，小天寿抄完后可怜巴巴地加了四句：“写书今日了，先生莫咸池（嫌迟），明朝是贾（假）日，早放学生归。”二十个字里，却有三个错别字，估计明天放学，卜天寿是走不了了，搞不好还得罚写个十遍、八遍的。

明代大画家仇英曾经临摹过宋代的画作，画了一幅《村童闹学图》。这幅画只有二十厘

旅行文具箱（清·乾隆）

文竹嵌玉炕几式文具盒（清中期）

竹管经天纬地四头笔（清中期）

铜笔架（清）

来见方，描绘了茅草房中的一个学堂，老师伏在讲台上睡觉，学生开始在教室与院子里大闹天宫：这老师兴许是昨晚熬夜没睡好，趴在案子上睡着了，老师戴的东坡巾帽子被调皮的学生偷偷摘下来；穿着青色衣服的小孩儿手拿毛笔回头看热闹；旁边坐着一个穿红衣的小孩儿，本来是拿着毛笔写字，此时也溜号回头看热闹，他的书桌上，正摆放着他的作业，上面端端正正地写着“上大人孔乙己”几个字，这是唐代以来学堂启蒙教学必须教会孩子写的几句话。画面左边的小孩持书追赶同伴，中间的小孩躺在桌上，像杂技演员一样蹬着凳子。右边的小孩正顶着书做鬼脸。一个小孩儿穿着紫色的衣服蹲在地上，给打瞌睡的老师画像。另一个小孩画了胡子，顶着茶壶，披着草书的长卷，拿着戒尺当笏板，装模作样地把老师当成皇帝来拜。每当看到这番情景，就会让人想起学校大课间调皮捣蛋的熊孩子们。

象牙刻山水笔筒（明）

现代的教育理念是反对体罚学生的，古代的老师在这件事上却十分纠结。明代朱载堉有一首《教学难》："教学难，教学难，好将道义惹仇嫌。出入由人管，饥寒谁可怜。打他就说不读罢，不打又说师不严！"清末吴友如曾用画记载了一个《朴作教刑》案例：通州潞河某位教书先生，脾气特别大，发现有个学生撒谎请假，十分生气，就让几个学生用铁索把撒谎的学生捆起来，然后让他跪在台阶下，自己像县太爷一样煞有介事地审案；甚至还打了学生二十大板，关小黑屋里不给吃喝。后来学生家长上衙门告了这位教书先生，最后这位体罚学生的老师自己吃了官司。清朝末年颁布的《奏定学堂章程》规定，十三岁以上的学生不能打，十三岁以下的不建议打。

青白玉五子笔架（清）

话说回来，回忆起我们的成长历程，学校、老师总是最温暖的部分。孩子哪有不调皮的，在老师眼里，孩子都是可爱的小苹果，怎么爱你都不嫌多。只是这老师和学生的有趣互动，千百年来故事还真不少。

劝学

唐·颜真卿

三更灯火五更鸡，

正是男儿读书时。

黑发不知勤学早，

白首方悔读书迟。

颜真卿以通俗的文字规劝年轻人要努力读书，情真意切，哲思深刻。古人将夜晚分为五个时段，用鼓打更报时，所以称作“五更”。“三更”从“子时”算起，指夜里十一时至第二天凌晨一时，这时夜色最为浓重。“五更”从“寅正”算起，指清晨三时至五时，此时正是黎明，黑夜过去而白昼到来，鸡鸣晨起，人们开始迎接新的一天。

“敬教劝学”“兴贤育才”是中华民族的优良传统。“敬

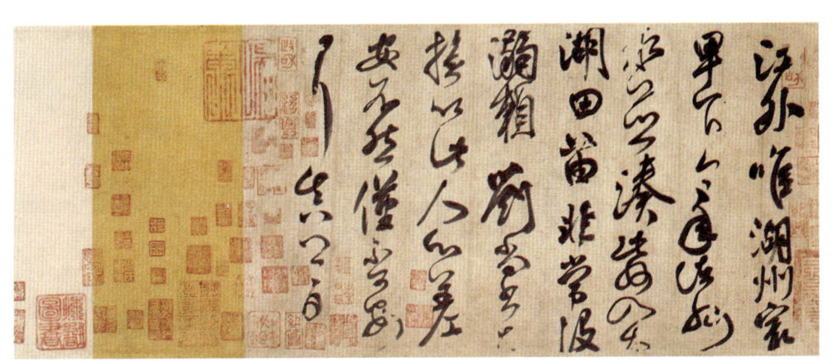

颜真卿行书湖州帖卷（唐）

教劝学”最早出自春秋时期卫文公复兴卫国的典故，《左传》记载“卫文公大布之衣，大帛之冠，务材训农，通商惠工，敬教劝学，授方任能。元年革车三十乘，季年乃三百乘。”

文史小贴士

笏板

笏板，又称手板、玉板或朝板，是古代大臣上殿面君时的工具，一般由玉、象牙或者竹木制作而成的。笏板的主要用途是记录天子的命令或旨意，也可以用来书写向天子上奏的章疏内容，作为备忘和提示。笏板自商、周时代便开始使用。唐代武德四年（621）以后，笏板开始有了等级之分，到了清代，因为礼节和习俗的不同，官员上朝就不再手持笏板了。

《奏定学堂章程》

《奏定学堂章程》是中国近代第一个以教育法令公布并在全国实行的学制，1904年1月由清朝政府颁布，当时为农历癸卯年，又称《癸卯学制》。规定了各级各类学校的目标、年限、入学条件、设置课程及相互衔接关系，还订立了学校管理法、教授法及学校设置办法等，施行至辛亥革命为止，对中国近代教育产生了重要影响。

中国古代的“奥数”题

近年，国家教育部门多次发布公告，严禁组织与义务教育招生入学挂钩的“奥数”、等级评定、选拔性考试及学科类竞赛活动。提倡发展素质教育，促进教育公平，科学选拔人才。有评论指出，这一系列举措意在让“奥数”这样的科学竞赛回归到科学本身。

在古代，数学被称作“算学”，已经有几千年的历史了。先秦典籍中，就有“隶首作数”的记载。我们的老祖宗崇尚科学，他们研究起数学来，态度极其认真，不是为了升学考试，而是为了探索大自然的奥秘。

传说黄帝统一各族部落后，先民们不辞劳苦，日子越来越好，物质财富也越来越多，算账、管账成为家家户户都会遇到的现实问题。一开始，用“结绳记事”“刻木为号”的办法。比如，黄帝的孙女黑英替自己的奶奶嫘祖

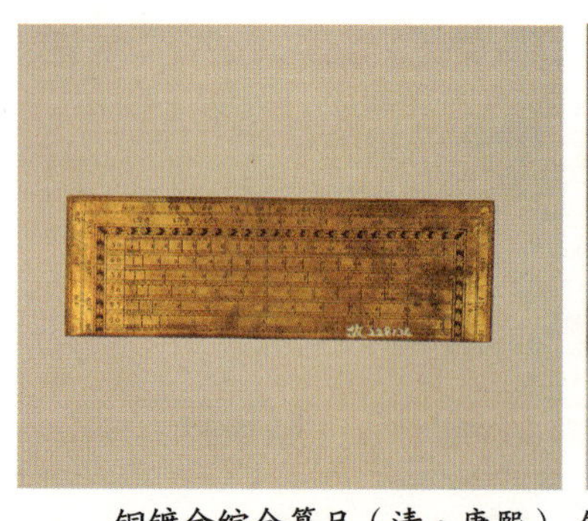

铜镀金综合算尺（清·康熙）

铜镀金纳白尔筹式手摇计算机（清·康熙）

玛瑙子硬木小算盘（清·康熙）

纸筹式计算器（清·康熙）

领了九张虎皮，而记账的人却只在草绳上打了六个结，这账面上就少了三张虎皮。结果，进进出出的实物越来越多，数目也越来越乱，甚至还发生了虚报冒领的现象。

黄帝手下有一位史官名字叫隶首，平日里主要负责算账和记账，有点像今天的“会计”这个岗位。隶首经过反复的实践，使用龟壳和珍珠等材料，以十进制为规则，规定了计算数目的符号，发明了中国古代最原始的计算工具“算盘”，由此也开启了“算学”的历史发展。

秦汉时期，算数已经成为一个专门的学科了，汉代还出现了我国古代第一部数学专著《九章算术》，内容涉及算术、代数、几何等领域，并与实际生活紧密相联。它在隋唐时被传到朝鲜、日本，成为这些国家的数学教科书。之后更远传至印度、阿拉伯和欧洲。

魏晋南北朝时期，数学得到了长足发展。比如，数学家刘徽首创“割圆术”，采用无限细分、逐步逼近的“极限”思维法求证圆的面积；后来祖冲之在他的研究基础上，推算出圆周率的数值，成为世界上最早把圆周率数值推算到七位数字以上的科学家。

在中国古代，很多数学题目都是为了解决社会生活中的实际问题。一千五百年前的《孙子算经》里，有一道经典的数学题，叫作“雉兔同笼”，也是今天小学奥数的常见题型，即小学数学课本上的“鸡兔同笼”。《孙子算经》中记载：“今有雉兔同笼，上有三十五头，下有九十四足，问雉兔各几何？”翻译成白话文就是：鸡兔同在一个笼子里，从上面数，有35个头，从下面数，有94只脚，问笼中各有多少只鸡和兔？解决怎样的生活问题？《九章算术》里也有一个有趣的数学题目——大鼠、小鼠相对打洞的问题，这就是经典的相遇问题。诸如此类的古题，在中国古代的数学著作中不胜枚举。

儒家将数学列为“六艺”之一，认为这是君子必修的一种技能，与人格的养成有密切关系。换句话说，古人学习数学不仅仅看重它的实用价值，更是对自我修养的一种历练和提升。现如今，奥数也是很多青少年的学习科目，大家希望学习奥数的真正目的不是升学考试，而是锤炼孩子们的科学思维，增长他们的恒心和毅力，抱着一颗敬畏之心，去探索神奇的大自然和人类世界。

偶成

宋・朱熹

少年易老学难成，一寸光阴不可轻。

未觉池塘春草梦，阶前梧叶已秋声。

这首诗是朱熹的人生感悟，也是他成就名家的经典箴言。朱熹是二程（程颢、程颐）的三传弟子李侗的学生，与二程合称“程朱学派”，其理学思想对元、明、清三朝影响很大，成为官方哲学。

这首诗的第一句即点明主旨，诗人用切身体会告诫年轻人要珍惜光阴，因为人生易老，学问难成。第二句劝诫年轻人莫负韶华，切莫让时光溜走，空留余恨。第三句化用南朝诗人谢灵运《登池上楼》中的句子“池塘生春草，圆柳变鸣禽”，意谓美好的青春年华很快消逝，如同春梦一场。第四句描写台阶前的梧

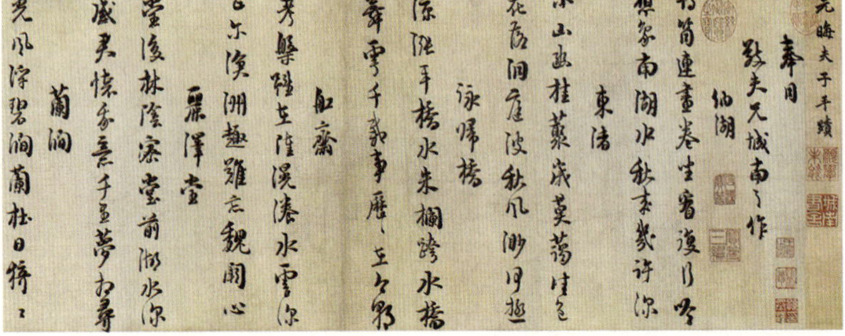

朱熹行书城南倡和诗卷（南宋）

桐叶，已经在秋风里沙沙作响。三、四句描写春去秋来，日月穿梭，形象而又生动地阐明了光阴流转、万物沧桑的道理。诗人以梦未醒、叶已落来比喻光阴荏苒，劝诫年轻人努力向学。

文史小贴士

割圆术

“割圆术”是用圆内接正多边形的面积去无限逼近圆面积，并以此求取圆周率的方法。

隶首作数

先秦重要史籍之一《世本》记载：“黄帝使隶首作数”。传说黄帝时期，部落的生产和交换都有了进一步发展，“结绳记数”的方法已不能适应需要，人们必须探索新的计量方法。此时，黄帝指派隶首负责部落里的计数工作，经过反复琢磨和大量实践，最终作出十个数码和数的运用方法。有研究者认为，隶首的身份有两种可能：一为黄帝手下的大臣，另一说是精通算学的人。

姑姑的舅舅叫什么？

春节假期里，朋友们忙着归乡省亲，在亲戚间走动，彼此拜年祝福。于是乎，有网友及时总结出一套“攻略”，为的是帮助小伙伴们搞清楚亲戚之间的称谓。当你接过长辈塞给你的红包时，心里美滋滋的，本想道谢，可是面对大家族里的亲戚长辈，一时间竟不知怎么称呼才好。还有网友出了一道难题考大家，请问“你管你姑姑的舅舅叫什么呢？”

中华民族历来是“礼仪之邦”，《论语》中说：“不学礼，无以立”，中国古人在社会交往、人际关系方面都有很明确的标准，“长幼之别”“尊卑之别”“亲疏之别”往往都体现在称谓上。战国时代有一本重要的书，叫《尔雅》，堪称中国辞书之祖，换句话说它是中国古代最早的一部词典。《尔雅》的第四篇“释亲”就是一篇专门记录、研究亲属称谓的专著，收录了古代亲属称谓语二百多个。比如，书中写道：“父为考，母为妣。父之考为王父，父之妣为王母。王父之考为曾祖王父，王父之妣为曾祖王母。曾祖王父之考为高祖王父，曾祖王父之妣为高祖王母。”直到今天，很多称谓都延续下来了，如“曾祖父”“曾祖母”“高祖父”“高祖母”等。再比如“父之晜弟，先生为世父，后生为叔父。男子先生为兄，后生为弟。谓女子，先生为姊，后生为妹。父之姊妹为姑。”也就是说，如果从父亲这边论，管父亲的哥哥叫“伯父”，管父亲的弟弟叫“叔父”，管父亲的姐姐和妹妹叫“姑姑”。

紫檀木边座嵌珐琅五伦图屏风（清中期）

所以回到网友的那个问题“你管你姑姑的舅舅叫什么？”按照传统的礼仪，我们管父亲的姐姐和妹妹叫“姑姑”，那姑姑的舅舅也就一定是父亲的舅舅了，而父亲的舅舅其实就是父亲妈妈的兄弟了，也就是祖母的兄弟了，那是不是该叫“舅祖父”，也就是“舅爷爷”呢。

说到底，亲属称谓语是标明血缘、婚姻关系的语言符号，其中既有“小家”的温馨，也有“大家”的责任，而那些“温良恭谦”的伦理道德、门风家风则更能体现出中华民族的传统美德。

蓼莪

先秦·佚名

蓼蓼者莪，匪莪伊蒿。哀哀父母，生我劬劳。

蓼蓼者莪，匪莪伊蔚。哀哀父母，生我劳瘁。

瓶之罄矣，维罍之耻。鲜民之生，不如死之久矣。

无父何怙？无母何恃？出则衔恤，入则靡至。

父兮生我，母兮鞠我。抚我畜我，长我育我，

顾我复我，出入腹我。欲报之德。昊天罔极！

南山烈烈，飘风发发。民莫不穀，我独何害！

南山律律，飘风弗弗。民莫不穀，我独不卒！

这是一首悼念父母的诗歌，出自《诗经·小雅·谷风之什》，诗人所抒发的是不能终养父母的痛惜之情。“莪”即莪蒿，李时珍《本草纲目》中说：“莪抱根丛生，俗谓之抱娘蒿”，这种草香美且可食用，用来比喻一个人长大成才且能够孝敬父母。“蒿”与“蔚”原是散生的杂草，“蒿”粗恶难以食用，“蔚”既不能食用又结子，用两种草比喻一个人不能成才且不能尽孝。诗人因错把蒿、蔚看成莪而自责，想到父母生我、养我何其不易，而我却不能终养尽孝，实乃人生最大的遗憾。

文史小贴士

《尔雅》

《尔雅》是中国最早的一部训诂学专著，被视作中国词典的雏形，是研究先秦词汇的重要资料。关于它的作者，一般认为是春秋以后儒家经师解说经书，再经汉代学者加以整理而成。“尔”是“近”的意思（后来写作“迩”），“雅”是“正”的意思，在这里专指“雅言”，即在语音、词汇和语法等方面都合乎规范的标准语。《尔雅》成书时代的规范语言是“雅言”，就是“五经”“六艺”中的通语。为此，《论语·述而》中说：“子所雅言，诗、书执礼，皆雅言也。”现在流传下来的《尔雅》分19篇，共有词组2091条。

这些古代职业，太有诗意了

若是说到中国古代充满“诗意”的职业，有人可能会想到这种职业——采诗官。早在周代，采诗官的身影就活跃在中原大地上，堪称最有文化品味的一种古老职业。每到春天，农耕在望，百事待兴，各诸侯国的采诗官们开始了他们的工作。这些人“衣官衣”（穿着统一的官员服装），手持木铎（一种用来警示众人的类似于大铃铛的东西），深入民间，沿途征集抒发民情民愿、反映民间疾苦的诗。之后，请专门的音

缂丝青牛老子图轴（清·乾隆）

律官员整理这些诗，配上音乐，把诗做成歌唱出来，回到京城唱给周天子听，周代的帝王以此洞察民心动向，而中国人所谓“诗歌”的说法也从此开始。

做采诗官有年龄的限制，岁数小了不行，必须由年长者担任：“男年六十，女年五十无子者，官衣食之，使之民间求诗”（《春秋公羊传解诂》）。意思是说，男的年长六十岁的、女的年长五十岁的，而且没有儿子的。为什么要没有儿子的长者担任呢？是防范采诗官有私心，不能全面真实地反映基层情况。“官衣”就是穿着政府官员制服，“食之”就是享受官员待遇，但不是正式的官员，用今天的话说，是“参照公务员待遇”。这些采诗官就好像飞翔在民间的蜜蜂，堪称中国最早的民意调查人员。后来，随着周朝的衰败，采诗官这一职业逐渐消失。孔子在写作《春秋》的时候，从三千多首采诗作品中精选出一部《诗经》，体现了对周代采诗制度的致敬和缅怀。

还有一种职业也很惬意，那就是“图书馆馆长”。我国周代就出现图书馆了。不过，那时不叫图书馆，叫“盟府”，主要保

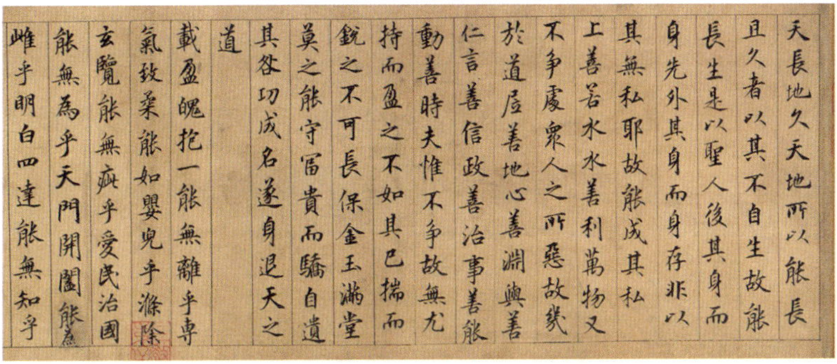

鲜于枢楷书老子道德经卷（元）

存盟约、图籍、档案等与皇室有关的资料。严格地说，这只是图书馆的雏形。而大思想家老子可以称得上是中国最早的“图书馆馆长”，《史记》记载，老子“姓李氏，名耳，字聃，周守藏室之史也”。这个“守藏室”，就是藏书之所，“史”，就是专门管理图书的官职。老子整日以书文为伴，在知识的海洋里畅游几十年，最终浸润成为一位思想敏锐、学识渊博的大学者。后来老子见周王朝日渐衰微，天下纷攘，深感痛心，便辞去官职，骑着一条青牛向西而去，走向函谷关。函谷关关令尹喜是老子的忠实粉丝，对老子仰慕已久，二人秉烛谈心，遂成知音。在尹喜的挽留下，老子在函谷关一住就是七个月。这段时间，老子将自己的学术观点写下来，一挥而就，写下一篇五千余字的文章。此文哲理深奥，包罗万象。上篇说“道”，下篇说“德”，命名《道德经》。写完《道德经》后，老子出关而去，他的身影消失在漫漫古道之中，“西出流沙，不知所终”，但他给世人留下了一部千古绝学。联合国教科文组织调查表明，全世界翻译最多的著作第一是《圣经》，第二就是《道德经》。

采诗官把诗谱成歌，像蜜蜂一样辛勤劳作，为民发声；老子博览群书，将天地大道融汇于心，以五千字的《道德经》贡献哲学思想。中国古人，能够把一个职业做得有声有色，充满了“诗意”。

采诗官

唐·白居易

采诗官，采诗听歌导人言。
言者无罪闻者诫，下流上通上下泰。
周灭秦兴至隋氏，十代采诗官不置。
郊庙登歌赞君美，乐府艳词悦君意。
若求兴谕规刺言，万句千章无一字。
不是章句无规刺，渐及朝廷绝讽议。
诤臣杜口为冗员，谏鼓高悬作虚器。
一人负扆常端默，百辟入门两自媚。
夕郎所贺皆德音，春官每奏唯祥瑞。
君之堂兮千里远，君之门兮九重闭。
君耳唯闻堂上言，君眼不见门前事。
贪吏害民无所忌，奸臣蔽君无所畏。
君不见厉王胡亥之末年，群臣有利君无利。
君兮君兮愿听此，欲开壅蔽达人情，先向歌诗求讽刺。

白居易希望恢复深入民间观风察政的传统古制，倡导了中唐时期的“新乐府”运动，他主张“文章合为时而著，歌诗合为事而作”，尤其强调诗歌的“美刺”传统，创作了不少政治讽喻诗。这些诗直陈时弊，主旨鲜明，言语通俗，具有强烈的现实意义。

文史小贴士

采诗

“采诗”制度自上古时代的周朝开始，为下情上达、观民情、知风俗而设。唐代初期至盛唐时期，仍延续了“采诗”制度。《唐会要》记载，贞观八年正月朝廷曾派“观风俗使”数人“分行四方”，“申谕朕心，延问疾苦，观风俗之得失，察政刑之苛弊”，“采诗”依然是观风俗使的一项重要工作内容。

可是，唐代中期以后情况却发生了变化，“采诗”逐渐成为沿袭古代礼制的一种象征性仪式，采诗官所采之诗并非来自民间的讽谏之作，而只是大臣们作的颂歌，“采诗观风”失去了原有的意义和价值。在白居易早年所作《策林》中，就明确表达了这种观点：“今欲立采诗之官，开讽刺之道，察其得失之政，通其上下之情，子大夫以为如何？”

这些职业自古以来生命力旺盛

古人说，三百六十行行行出状元，其实中国古人对职业这件事情有自己独到的理解；看似平凡的职业，却被古人做得有滋有味，充满了诗意。

先来看一个名单，名单上的人物都是响当当的先贤：南北朝时期的杰出文学家、开创“山水诗派”的谢灵运，唐代杰出的文学家、政治家韩愈，唐代著名的文学家散文大家柳宗元，唐代大诗人、散文家杜牧，北宋著名的政治家、文学家欧阳修，北宋时期的诗文书画大家苏轼……谢灵运、韩愈、柳宗元、杜牧、欧阳修、苏轼这些名字如雷贯耳，但是你知道吗，他们都做过同一种职业，这个职业叫作“太守”。

太守是古代中国的官职之一，作为高级地方官员，它在历朝历代有不同的称呼，如刺史、知州、知府。太守这个职位，大概相当于今天的地级城市的市长：谢灵运做过永嘉郡太守；韩愈做过潮州刺史；柳宗元做过邵州刺史；杜牧做过黄州刺史；欧阳修做过滁州太守；苏轼做过密州、徐州、湖州的知州。他们命运波折，仕途浮沉，却没有忘记为官一任、造福一方，在太守的职位上革新除弊，因法便民，做了很多造福百姓的事。当然，业余时间也没有放松在文学上的追求，留下了一篇又一篇千古美文。

造福百姓的职业不仅有太守，还有很多，比如医生。东汉末年著名的医学家华佗一生钻研医术而不求仕途，他医术全面，尤其擅长外科，精于手术，被后人称为“外科圣手”“外科鼻祖”，人们称他为神医华佗，从此便以“华佗再世”“元化重

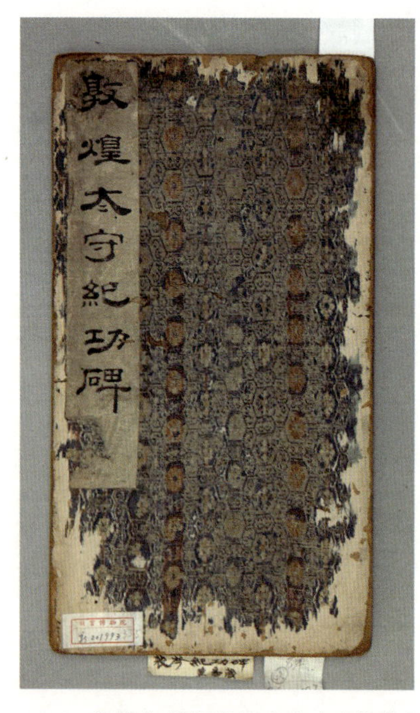

敦煌太守裴岑纪功碑（清拓本）

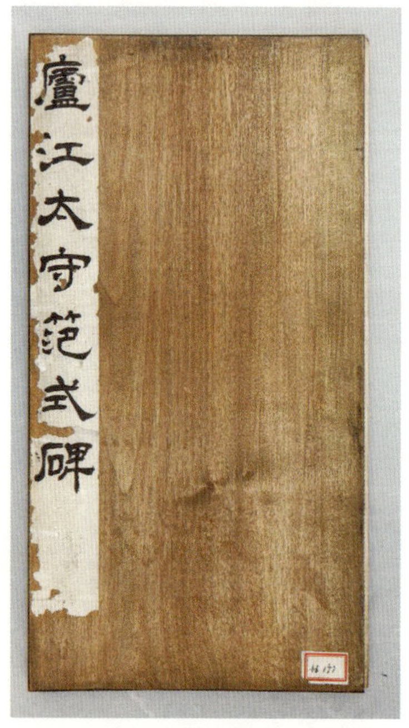

庐江太守范式碑册（清拓本）

生”来称赞那些有高超医术的医师。东汉末年著名医学家张仲景被后人尊称为医圣，他治病救人，游历各地，目睹了东汉末年的社会动荡和百姓疾苦。张仲景的家族本来是个大族，人口多达二百余人，可是不到十年的时间，瘟疫肆虐，死于伤寒者竟占十分之七。在悲愤之中，他广泛收集医方，写出了《伤寒杂病论》，书中确立的辨证论治原则，是中医的灵魂所在。

医生治病救人、救死扶伤，解除人们身体上的病痛，而老师这个职业，则如春风化雨、诲人不倦，堪称人类灵魂的工程师。孔子是中国古代著名思想家、教育家，被后人尊为“至圣先师”“万世师表”。春秋时代，年轻人求学是有社会等级门槛的，只有贵族子弟才能享受到正规的教育。而孔子首创私学，倡导“有教无类”，招纳平民子弟入学。传说，这一天，孔家小院热闹非常，孔子带领一群少年垒土筑坛，并移来一棵小银杏树栽在坛边。孔子说：银杏树多果，象征着弟子满天下；树干挺拔直立，绝不旁逸斜出，象征弟子们正直的品格；银杏果实既可食用，又可入药治病，象征弟子们学成后可以有利于社稷民生——此讲坛就取名为“杏坛”吧！相传孔子杏坛设教，收弟子三千，授六艺之学，传为千古美谈。

古语有云：“言为士则，行为世范”（《世说新语·德行》）。原意是赞扬汉末名臣陈蕃（字仲举）的品行，认为其言谈可为士人的准则，其行为堪称世间的典范。无论是太守、医生，还是文人、教师，古往今来其优秀者无不将“身体力行”“品格锤炼”“心有大我”“至诚报国”“胸怀天下”“以文化人”等精神发扬光大。他们的行动感召力和人格感染力，不仅影响一时一地，更引领着时代风气。可见，“职业”背后是人的拼搏奋斗，“生命力”背后是人的精神品质和价值追求。

诗文雅韵

江城子·密州出猎

宋·苏轼

老夫聊发少年狂，左牵黄，右擎苍，锦帽貂裘，千骑卷平冈。为报倾城随太守，亲射虎，看孙郎。

酒酣胸胆尚开张，鬓微霜，又何妨！持节云中，何日遣冯唐？会挽雕弓如满月，西北望，射天狼。

这首词是苏轼在密州（今山东诸城）任太守时所作，被公认为是他的第一首豪放词。宋人胡寅在《酒边词序》中说：“眉山苏氏，一洗绮罗香泽之态，摆脱绸缪宛转之度，使人登高望远，举首高歌，而逸怀浩气，超然乎尘垢之外，于是《花间》为皂隶，而柳氏为舆台矣。”这段话高度评价了苏轼豪放词的特点及其历史地位，夸赞他的作品在当时莺燕呢喃、温婉典雅之风盛行的北宋词坛自成一体、傲视群雄。

苏轼初到密州时，当地已经连续三年遭受旱蝗之灾。苏轼到任后救灾免税、兴修水利，做了大量卓有成效的工作。第二年，密州百姓终于迎来了一个丰收年。这首词就写在这一年，描写了苏轼与当地官员、百姓上山祭祀归途中打猎的情景。在苏轼给友人的信中，热情地提到这篇作品："近却颇作小词，虽无柳七郎风味，亦自是一家。呵呵。数日前猎于郊外，所获颇多，作得一阕，令东州壮士抵掌顿足而歌之，吹笛击鼓以为节，颇壮观也"（《与鲜于子骏书》）。这个"呵呵"实在传神，仿佛隔空看见了苏轼的模样，既可爱又率真。事实上，这首让东州壮士击节而歌的"小词"，却是真正壮志豪情、气贯山河的"大作"。

文史小贴士

《伤寒杂病论》

《伤寒杂病论》是中国历史上现存最早的一部完整体系的临床医学著作，被誉为中医四大经典之一，古代医家称其"为后世医方之祖"。它以理法方药相结合的方式阐述了众多外感疾病和内伤杂病的辨证论治，确立了六经辨证的临床诊断体系，并涉及方剂学、药剂学、护理学等多方面的内容，对中医学术体系的发展和临床疾病的研究都有着重要意义。

“风景不殊”，心情一定要振作起来

在中国古代，诗传情，酒抒怀，诗酒结缘，穿越千年。

早在先秦时代，《诗经》和《楚辞》中就有诗酒结缘的先例。《诗经》中涉及酒或饮酒的作品有48篇，约占总篇幅的15.7%，足以反映酒对诗歌的浸润已经相当明显。

以中国历史发展而论，三国时期以后，中国的历史进入到了大一统王朝的西晋时期。但是，到了西晋末年，中原经过“八王之乱”和“永嘉之乱”，政权衰微，经济残破，国家分裂。这时，西晋的王公贵族、名门望族纷纷南迁避乱，史称“衣冠南渡”。而下面谈到的这个故事，就发生在这样一个历史背景下，也是中国古代一个著名的酒局，叫作“新亭酒会”。

相传，南渡的这些北方望族人士经常在一

起饮酒聚会，各自都有自己的朋友圈。其中有一批精英人士，经常在城外长江边的新亭办酒席。酒过三巡、菜过五味，这些人都会发发牢骚，抒发一下心情。毕竟，各位都曾经是北方西晋政权的高门大户，现如今避乱南渡，难免心怀故国，想念家乡，想念以前美好的生活。《晋书》中有这样一段记载，在一次新亭酒会上，西晋名士、大臣周颛慨叹道：“风景不殊，举目有江河之异。”意思是说，这江边的风景跟往昔没有什么不同，只可惜这江山已然换了主人。“皆相视流涕”，周围这些人，从北方南渡避乱的这些贵族名士听了之后，你看我，我看你，悲从中来，哭成一片，整个酒席的气氛搞得十分悲催。就在此时，一个人的发言冲破阴霾，他慷慨激昂地说出了下面这样一段话：“惟导愀然变色曰：‘当共戮力王室，克复神州，何至作楚囚相对泣邪！’”这个人就是王导，他神色凝重庄严，情绪激昂地对大家说，别哭了，我们应当团结起来，合力效忠王室，光复河山，怎么可以自怨自艾、颓废感伤、相对而泣

青釉双系兽面纹扁壶（西晋）

青釉鸡头壶（西晋）

呢！听了这番话之后，很多人振作起来，表示愿意和王导一起干一番事业。

历史学家认为，“新亭酒会”对后来的政局走向影响深远。正是因为有王导这样的有识之士，意志坚定、苦心经营，才有后来司马睿东晋政权的建立。而王导本人，作为一名政治家，历经晋元帝、晋明帝、晋成帝三朝，也成为东晋政权的重要奠基人，这“新亭酒会”和“风景不殊”也成为一个有名的典故。

诗文雅韵

酬乐天扬州初逢席上见赠

唐·刘禹锡

巴山楚水凄凉地，二十三年弃置身。
怀旧空吟闻笛赋，到乡翻似烂柯人。
沉舟侧畔千帆过，病树前头万木春。
今日听君歌一曲，暂凭杯酒长精神。

这是一首形式整饬、音韵华美的七言律诗，两位神交已久的诗友初次相见，一壶酒，一席话，感情真挚，携手共勉。

唐敬宗宝历二年（826）冬天，刘禹锡奉诏罢和州刺史，被调还京，途经扬州。此时，白居易因病免去苏州刺史回洛阳。于是，两人在扬州遇见，同席共饮。席间，白居易以一首七律诗《醉赠刘二十八使君》相赠，诗云：“为我引杯添酒饮，与君把箸击盘歌。诗称国手徒为尔，命压人头不奈何。举眼风光长寂寞，满朝官职独蹉跎。亦知合被才名折，二十三年折太多。”本篇是对白居易七律诗的酬答。

诗中的“二十三年”指的是刘禹锡人生中的辛酸往事。他从唐顺宗永贞元年（805）九月被贬出京，至唐敬宗宝历二年（826）应诏回京，其间多次迁徙，先后做过朗州、连州、夔州、和州等地的地方官，总计二十二年之久。

文史小贴士

八王之乱

“八王之乱”是西晋时期皇族为争夺中央政权而引发的一场内乱，前后历时十六年，给社会带来了极大的灾难，同时也大大削弱了西晋的统治。

西晋初年，晋武帝认为曹魏削弱所封诸王的势力，导致孤立而亡，于是大封同姓诸王。后来，晋武帝又陆续派遣诸王据守州郡重镇。这些出镇的宗室诸王既手握重兵，又掌管民事，势力日益强大。晋武帝的儿子晋惠帝昏庸无能。他在位时，手握重兵的八个封王，为了争夺中央政权，先后起兵相互混战，称“八王之乱”。

永嘉之乱

“永嘉之乱”是西晋后期匈奴军攻破都城洛阳，俘虏晋帝、屠杀官民、焚毁城市的历史事件。“八王之乱”中，北方少数民族贵族乘机反晋。建武元年（304），匈奴贵族刘渊称大单于，永嘉二年（308）称帝，迁都平阳（今山西临汾）。永嘉四年（310）刘渊卒，其子刘聪杀兄夺位。永嘉五年（311），匈奴军队攻陷洛阳，晋怀帝被俘，晋百官士庶死者三万余人，城市变为废墟。

嵇康于人生至暗时刻，弹奏一曲《广陵散》

如果在魏晋时代组建一支乐队，“竹林七贤”必是首选。这七个人太有名了，他们是三国时期曹魏政权正始年间的七位名士，包括嵇康、阮籍、山涛、向秀、刘伶、王戎及阮咸，因他们常在当时的山阳县（今河南省新乡市辉县和焦作市修武县交界一带）竹林之下，喝酒、纵歌，肆意酣畅，“相与友善，游于竹林，号为七贤”。在竹林里喝酒纵歌，既搞音乐，还作诗文，真是潇洒至极，堪称“魏晋时代的文艺范摇滚乐队”。

假设这支乐队选首席或队长的话，嵇康有可能是第一人选。

人们常把嵇康视作“竹林七贤”的精神领袖，他的为人处世、生平遭遇，尤其是人生选择和价值取向对后世文人影响很大。嵇康自幼聪颖，博览群书，广习诸艺，身材高大，举止不凡。年轻时，意气风发的嵇康娶了曹操的曾孙女长乐亭主为妻，成了曹魏宗室的女婿，因当过“中散大夫”，世称“嵇中散”。

竹雕竹林七贤图笔筒-1（清）

嵇康不但文采卓越，还是一位优秀的音乐家。他通晓音律，会吹箫，擅抚琴。深厚的音乐修养使他对音乐自身的规律性产生深刻认识。他精通乐理，写过两篇音乐理论文章《琴赋》《声无哀乐论》，在音乐审美上有自己独到的见解。他是一位古琴演奏高手，他创作的四首琴曲《长清》《短清》《长侧》《短侧》被后人称为“嵇康四弄”，流传后世。

竹雕竹林七贤图笔筒-2（清）

甚至在人生的至暗时刻，嵇康依旧是弹奏古琴、慷慨赴死。曹魏政权中期，司马氏集团掌权，性情耿直的嵇康不肯与当权者合作，遭人陷害，被处以死刑。传说临刑前，嵇康坚持要弹奏《广陵散》，之后慨然长叹：“《广陵散》于今绝矣！”《广陵散》是一首具有杀伐战斗气息的乐曲，背后有一个“聂政刺韩王”的悲壮故事，表达了被压迫者反抗暴君的斗争精神。

鲁迅先生格外重视和喜爱嵇康，他用十多年的时间遍寻《嵇康集》各种版本，亲手抄录校订。可以说，鲁迅是嵇康的千古知音，正是在嵇康的诗文中，他看到了自由独立的人格力量。

诗文雅韵

《琴赋》序

三国·嵇康

余少好音声，长而玩之。以为物有盛衰，而此无变；滋味有厌，而此不倦。可以导养神气，宣和情志，处穷独而不闷者，莫近于音声也。是故复之而不足，则吟咏以肆志；吟咏之不足，则寄言以广意。然八音之器，歌舞之象，历世才士，并为之赋颂。其体制风流，莫不相袭。称其材干，则以危苦为上；赋其声音，则以悲哀为主；美其感化，则以垂涕为贵。丽则丽矣，然未尽其理也。推其所由，似元不解音声；览其旨趣，亦未达礼乐之情也。众器之中，琴德最优，故缀叙其所，以为之赋。

《琴赋》是嵇康为琴所写的一篇美文，他将琴这一贯穿中国文化史的重要乐器提高到了前所未有的审美高度和精神高度。

在《琴赋》序中，嵇康回顾了自己的音乐成长史：从小喜欢音乐，长大之后一直玩味研习；万事万物都有盛衰之变，可自己对音乐的喜爱不曾改变；世间美味总会有让人腻烦的时候，可自己对音乐的兴趣永不厌倦。在对音乐功能和价值的理解上，嵇康有别于儒家正统音乐观的“正风教、考得失”，他更加看重音乐对一个人性情的陶冶和情志的疏通，认为音乐能够使处于穷困、孤独的人忘记苦闷，找回自我。所以，热爱音乐的嵇康反复玩味仍不能满足，就以吟咏歌唱来抒发心胸志向；吟咏歌唱亦不能尽兴，就以词句文章来阐述自己的思想。嵇康在众多乐器中选中“琴”来代言，因为“琴”的德行最为高尚，以琴论乐，诉诸笔端，《琴赋》之文，就此开篇。

文史小贴士

聂政刺韩王

故事出自东汉历史传奇小说，原载《琴操》，为东汉文学家蔡邕所著。据《战国策·韩策二》和《史记·刺客列传》记载，韩哀侯时，严仲子与侠累争权，积怨颇深。严仲子因避仇来到齐国，以礼贤下士的姿态恳求侠士聂政为自己复仇。后来，有感于严仲子的相知，聂政入韩国行刺侠累，亦将韩哀侯杀死，最后自残而死。蔡邕编撰《琴操》时，根据历史故事和民间传说，写出了新的复仇故事。聂政父亲为韩王铸剑，由于误了期限而被韩王杀死。其子聂政长大后立志为父报仇，他先是乔装泥瓦匠混入王宫刺杀韩王，但没有成功。后来，聂政改变容貌，躲进深山，苦练琴艺。多年以后，聂政因琴艺卓越而被韩王召入宫中，遂寻机刺死韩王。

古人饮酒很理智，酒席背后有玄机

华夏之地是酒的故乡，更是酒文化的极盛之地。地无分南北，人不分老幼，席间饮酒，借酒助兴，历经千年而不衰。甚至有的时候，一场酒席发挥着微妙的历史作用，影响了时局走向，故事颇多，余味悠长。

西晋时期的江统写了一篇文章，叫《酒

堆绫项羽魏豹戏像册（清·光绪）

诰》，阐述了发酵酿酒的方法，其中提到：“酒之所兴，肇自上皇，成于仪狄。”意思是说，酒的酿造起源于上古三皇五帝时期，先民想出了各种各样的造酒方法，一个叫仪狄的人将这些方法归纳总结起来，使之流传于后世，这就是“仪狄造酒”的典故。

原始瓷青釉划花双系壶（西汉）

其实，比江统的文章更早，《尚书·周书》里有一篇叫《酒诰》的文献。这是西周推翻商王朝后发布的一篇政令性文献，主要内容是劝人不要酿酒和酗酒，堪称中国古代最早的禁酒令。其中提到“无彝酒”，即要求人们平时少饮酒，以节约粮食，只有祭祀时，才能饮酒；还提到“执群饮”，即禁止聚众饮酒，对于违反者处以重罚；又提到“戒湎酒”，即要求人们尤其是统治者，不要沉湎于饮酒作乐，认为酒是大乱丧德和亡国的根源。这篇文献在我国

彩绘漆云凤纹樽（西汉）

历史上影响很大，成为之后历代禁酒令的典范。

《战国策》记载：“昔者，帝女令仪狄作酒而美，进之禹，禹饮而甘之，遂疏仪狄，绝旨酒，曰：‘后世必有以酒亡其国者。’”由此可见，当年仪狄酿造的酒虽然味美甘甜，可是作为“圣明之君”的禹却从自身体验中预见了一种可能性，即所谓饮酒失德、纵酒乱国的危险性，因而主张戒酒、禁酒。

汉代史学家、文学家司马迁有一篇著名的文章，即《鸿门宴》，堪称中国古代的一场著名酒席。酒席上的一系列历史人物，大家再熟悉不过了：刘邦、张良、樊哙、曹无伤、项羽、范增、项庄、项伯。

鸿门宴上不乏美酒佳肴，却暗藏杀机。项羽的亚父范增，一直主张杀掉刘邦，在酒宴上一再示意项羽发令，但项羽却犹豫不决，默然不应。范增召项庄舞剑为酒宴助兴，趁机杀掉刘邦，项伯为保刘邦拔剑起舞作掩护。在危急关头，刘邦的部下樊哙带剑拥盾闯入军门，怒目直视项羽，随后大口喝酒，大块吃肉，怒怼项羽，为主公刘邦脱身赢得了时机。刘邦的部下张良出来打圆场，为项羽献上白璧一双，向大将军范增献上玉斗一双，此时刘邦早已溜走，返回自己的军营之中。

彩绘漆云龙纹耳杯（西汉）

作为《史记·项羽本纪》中一个相对

独立的片段，《鸿门宴》的故事千古流传，脍炙人口。在杀气腾腾的酒桌之上，在觥筹交错的酒气之外，历史人物的形象鲜明生动。

诗文雅韵

乌江项王庙

清·严遂成

云旗庙貌拜行人，功罪千秋问鬼神。

剑舞鸿门能赦汉，船沉巨鹿竟亡秦。

范增一去无谋主，韩信原来是逐臣。

江上楚歌最哀怨，招魂不独为灵均。

严遂成擅写诗，与厉鹗、钱载、王又曾、袁枚、吴锡麒并称“浙西六家”。这是一首咏史七言律诗，写于严遂成晚年游历各地登临访古之时。乌江，今名乌江浦，在安徽和县东北四十里处。历史记载，楚霸王项羽被汉王刘邦击败后逃至乌江。乌江亭长劝他暂避江东，重整旗鼓，项羽因“无颜见江东父老”而自刎。后人在乌江边修建项王庙，以纪念他。这首诗就是诗人寻访乌江项王庙时的题诗。评说项羽的千秋功罪，显示了深厚的历史底蕴，表达了深沉的哀悼。

此诗开篇即提出“功罪”问题，下文也围绕项羽的“功罪”展开议论。诗人认为，项羽的“功”主要在两方面：“赦汉”

和“亡秦”。所谓“赦汉”，指鸿门宴上不杀刘邦。所谓“亡秦”，亦是“破釜沉舟”典故的由来，《史记·项羽本纪》“项羽已杀卿子冠军，威震楚国，名闻诸侯。乃遣当阳春、蒲将军将卒二万渡河，救钜鹿。战少利，陈余复请兵。项羽乃悉引兵渡河，皆沉船，破釜甑，烧庐舍，持三日粮，以示士卒必死，无一还心。”

诗人认为，项羽的“罪”主要在于不善用人。他的主要谋士、被尊为亚父的范增，劝项羽杀刘邦，项羽不听，后中刘邦反间计，削范增权力，范增愤然离走，病死途中。至此，项羽再无得力谋士。公元前202年，在楚汉最后决战中，与刘邦合兵垓下围困楚军的韩信，原先是项羽的部将。韩信因屡次为项羽献策不被重视，后逃归刘邦。正因为不善用人，项羽兵败自刎，演出了一场英雄末路的历史悲剧。在诗的尾联，“招魂”指《楚辞·招魂》，传说是屈原为招楚怀王之魂而作，也有传说是楚国辞赋家宋玉为招屈原的生魂而作，“灵均”是屈原的字。这两句意在追悼。

清袁枚《随园诗话》云：“读史诗无新义，便成《廿一史弹词》。虽着议论，无隽永之味，又似史赞一派，俱非诗也。”这首诗贵在有新义，诗人不以成败论英雄，将项羽与屈原相提并论，显示出卓越的见地；评说项羽一生功过和历史地位，客观且中肯，堪称诗、史合璧的力作。

文史小贴士

《酒诰》

《酒诰》出自《尚书·周书》，相传为周文王的第四子、周武王的胞弟周公旦所作，是周公命令康叔在卫国宣布禁酒的诰词。

周公，姬姓，名旦，因其采邑在周，爵为上公，故称周公。周公平定武庚的叛乱以后，把幼弟康叔封为卫君，统治殷民。卫国处在黄河和淇水之间，是殷商的故居。殷人酗酒乱德，周公害怕这种恶劣习俗会酿成大乱，所以命令康叔在卫国宣布戒酒令，禁止酗酒。又把戒酒的重要性和禁止官员饮酒的条例详细告诉康叔。史官记录周公的这篇诰词，写成《酒诰》。

你知道吗，古人这样学外语

对于今天的年轻人来说，学习一门外语算得上是必修课。如果你的外语很棒，还可以当翻译。可是你想过没有，在中国古代，我们的前辈是怎么学外语的呢？

先秦时期，就已经有外语翻译这个职业了。周代，翻译人员被称为“象胥”。汉代，懂外语会翻译的人，被称为“舌人”。

隋唐时代，对外交流空前繁荣。隋炀帝杨广曾下旨设置“四方馆”，相当于用来接待四方少数民族和外国大使的办事处。唐朝的国子监吸引了来自高丽、日本等国的留学生，他们有专门的宿舍，叫“号舍”。由于佛教的兴盛，唐朝还把“四方馆”改造成为佛经翻译馆，主要负责将梵语佛经译成汉语。我们所熟知的玄奘，就是那个时代难得的外语人才。他出生在官宦世家，从小接受了良好的教育。成年后他四处游学，拜访了不少国内外高僧，学习经论和梵语。后来，玄奘踏上了“西天求经”之路，在十九年的留学生涯中，边走边学，几乎通晓所到国家的各种语言，是那个时代难得的多语种人才。

南宋以后，人们把翻译人员称为“通事”。到了明朝，明成祖朱棣于永乐五年（1407）在南京创立“四夷馆”，这是我国古代第一所真正意义上的外国语学校，也是我国历史上最早为培养翻译人材而设立的官方机构。四夷馆置译字生，教习亚洲各民族的语言文字，以培养了解邻国历史、地理的翻译人才。

明万历年间，意大利传教士利玛窦不远万里来到中国。为了更深入地了解中国，也为了方便传教，他向当地居民学习汉语。由于当时教外国人学汉语是非法的，利玛窦参加的汉语“补习班”都是秘密开展的。有趣的是，利玛窦一开始是在澳门学习汉语的，可到了北方才发现，自己跟着澳门人学的“汉语”竟是方言，中原人说的话他依旧听不懂。没办法，只能继续深造。如此一波三折，也真是不容易。

清朝雍正时期，四夷馆改名为四译馆，并有了统一的外语课本《华夷译语》。这本书收录了英、法、拉丁、意、葡、德等多国语言，是一份珍贵的历史资料。

赠海东僧

唐·张籍

别家行万里，自说过扶馀。

学得中州语，能为外国书。

与医收海藻，持咒取龙鱼。

更问同来伴，天台几处居。

唐代是我国多民族国家形成与发展的重要时期，以唐帝国为中心，亚洲各国的交通往来十分繁荣，因而产生了一大批表现唐代中原王朝与四邻交往的诗歌作品，张籍的这首《赠海东僧》就是其中之一。

频繁的对外交往带来了两方面的积极效应：一方面，加强了亚洲特别是东亚各民族之间的感情；另一方面，直接扩大了中土唐人对外部世界的认知。吐蕃的名悉猎，日本的晁衡、辨正、空海，新罗的崔致远，南诏的杨奇鲲等人，都有很高的汉文诗歌造诣。

文史小贴士

《华夷译语》

《会同四译馆译语》（清）

《华夷译语》是明清时期由官方组织编纂或刊行的汉语与其他语言对译辞书的总称。是明政府培养通事的教科书。明清两代的中央政府均设有联络、接待外国及中国少数民族地区往来信使的专门机构，明代称作“四夷馆”和“会同馆”，清代合并两馆，改称“会同四译馆”。这些机构出于日常翻译参考和培养生员的需要，曾经编写过一批汉语和外国语或中国少数民族语对译的辞典，后世统称《华夷译语》。

在宋朝当翻译官，真是不容易

在中国古代，有外语翻译这个职业吗？答案：有。但是怎样才能成为一名翻译呢？

唐朝时，有七十多个国家或地区与中国有商贸往来，于是在中国沿海地区的一些城市，逐渐形成了外国商人聚居区，即“蕃坊”。“蕃坊”最早出现在唐文宗大和年间（827—835）的广州。到了宋朝，海外贸易胜过前代，成为当时世界上从事海外贸易的重要国家，广州、泉州一举成为闻名世界的大型商港。在南宋的财政收入中，外贸所得占有很大比重。于是，围绕着“蕃坊”和中外贸易，历史上涌现出一大批翻译人才。

南宋洪迈创作的志怪小说集《夷坚志》讲述了这样一个故事：“泉州人王元懋，少时祇役僧寺。其师教以南番诸国书，尽能晓习。尝随海舶诣占城国。王嘉其兼通番汉书，延为馆客，乃嫁以女，留十年而归。所蓄奁具百万缗，而贪利之心愈炽，遂主舶舡贸易。其富不赀，留丞相、诸葛侍郎皆与为姻家。”故事的主人公叫王元懋，原本在寺庙里打杂，有幸遇到一位师傅教他南番诸国的语言，他都学会了。他曾经随船出海到占城国（位于今越南南部），国王倚重他的外语才能交好南宋，因而奉他为座上宾，并把公主嫁给了他。王元懋在那里待了十年才回来，回来时赚得盆满钵满。此后，他看准了这条发财渠道，经营起船舶贸易，聚敛了大量钱财，甚至和当朝的达官显贵攀亲带故，可谓风光一时。

紫檀木嵌染牙广州十三行图插屏（清）

但是，王元懋的经历只能算个案，从当时普遍的情况看，翻译这个职业的社会地位比较低。宋代的涉外机构为“礼宾院”，一开始隶属于鸿胪寺，南宋时并入礼部。据《宋史·百官志》记载，鸿胪寺礼宾院掌管诸国朝贡、馆舍及互市、译语之事。因此，在“礼宾院”有一批专门从事翻译工作的人员。可是，他们的待遇并不好，在衙门里工作多少年也捞不到一官半职，逢年过节，接受朝廷赏赐的时候，不过与奶酪匠同列。

在官府里工作的翻译尚且如此，在广州港混世的民间翻译就更破落了。所以有个别民间翻译欺负外商语言不通，虚报价格，买卖双方两头吃；一旦外商之间出现诉讼，翻译甚至接受利害关系人的请托，提供伪证。因此，《宋刑统》中专门列出了惩罚翻译伪证行为的特别条款，可见当年的翻译界确实有点鱼龙混杂。

为了不受无良翻译的蛊惑，南宋名臣向子諲在广州任职期间，曾自学外语，以便公正断案。此后，他向蕃商发布的命令告示以外文书写，外商因纠纷闹上公堂，翻译一看判官老爷懂外语，不敢再随便糊弄，诸外商欢欣鼓舞，向子諲"清明之声，播于海外"。

正是有了这些翻译人才做桥梁，大量外商来到广州、泉州这样的港口城市，各国语言交流，好不热闹。唐代诗人包何《送泉州李使君之任》诗中这样描绘泉州的风土人情："云山百越路，市井十洲人"。

诗文雅韵

哭晁卿衡

唐·李白

日本晁卿辞帝都，征帆一片绕蓬壶。

明月不归沉碧海，白云愁色满苍梧。

在唐代，当时的日本、新罗等海东诸国都与唐王朝建立了密切联系，都曾派遣大型使团来华访问。很多外来使节、僧侣、留学生来唐以后，广泛接触社会各界人士，与唐人建立了深厚友谊，日本人晁衡就是其中的典型代表。

晁衡原名阿倍仲麻吕，是日本奈良时代的遣唐留学生之一，开元年间入唐，因“慕中国之风”而不肯离去，于是改名晁衡长留大唐。晁衡曾久居大唐五十年，与盛唐诗人李白、王维、储光羲等人私交甚笃。他曾一度回国，王维、包佶等人均有诗作相赠。王维《送秘书晁监还日本国》诗中云“别离方异域，音信若为通？”而当晁衡渡海遇风而殁的讹言传来，李白更是满蘸泪水写下了著名的《哭晁卿衡》。日本人近藤元粹选评《李太白诗醇》评价这首诗为“诗词绝调”，尤其是诗中以“明月”这一李白最为钟爱的意象来比喻晁衡，足见李白对这位异国友人的珍视。

文史小贴士

《夷坚志》

《夷坚志》是宋代的一部志怪小说集，也是宋代此类作品中篇幅最大的一部，作者是洪迈。书名取《列子·汤问》“夷坚闻而志之”之意，专门记录世间传闻的怪异之事，全书何时编成已无从考证。

“万岁”本是一句祝福语，奈何被帝王垄断千年

“万岁”一词本是人们常用的颂词和祝福语。《吕氏春秋》：“宋康王为长夜之饮，室中人呼万岁，堂上堂下之人以及国中皆应之。”据清代学者赵翼《陔余丛考》考证：“古人饮酒必上寿称庆曰万岁。”由此可见，用于宴会祝福时的“万岁”，本就是祈祝万福、庆贺万幸之意。《战国策·齐策》记载了“冯谖客孟尝君”的故事。具有战略眼光的冯

栴檀香木盘龙钮“皇帝之宝”（清·乾隆）

碧玉交龙钮“太上皇帝之宝”（清·乾隆）

青玉交龙钮“太上皇帝之宝”（清·乾隆）

谖为巩固孟尝君的政治地位立下了汗马功劳，他通过“薛国市义”、营造“三窟”等政治活动，助力孟尝君的政治事业久盛不衰。“驱而之薛，使吏召诸民当偿者，悉来合券。券遍合，起矫命，以责赐诸民，因烧其券，民称万岁。”被免除债务的百姓高呼“万岁”，以此表达对孟尝君的感恩和祝福。

《后汉书·冯异传》：时军乏食，赵匡“将兵助异，并送缣谷，军中皆称万岁。”这是解一时之困的感激。《三国志·吴志》裴注“甘宁入魏营，斩数十级还，入营作鼓吹称万岁。”这是克敌制胜时的欢呼。《后汉书·董卓传》：卓既诛，内外“士卒皆称万岁。”《晋书》：“张祚淫虐，张琚杀之，国人皆呼万岁。”这是锄奸惩恶后的快意。《南史》：“臧质引军至盱眙，太守沈璞纳之，质见城中丰实，众皆称万岁。”这是物资充盈时的兴奋。《后汉书·李固传》：“固蒙赦出狱，京师市里皆称万岁。”《汉书·陆贾传》陆贾奏新语，“皆称善，左右呼万岁。”这是贤才得出时的欢呼。

同时，“万岁”也作为死亡的讳称来使用。《战国策·楚

碧玉盘龙纽“皇帝奉天之宝”（清早期）

白玉盘龙纽“皇帝尊亲之宝”（清早期）

策篇》记载了楚王游云梦时的感慨：“楚王游云梦，仰天而笑曰：‘寡人万岁千秋后，谁与乐此矣？’”《史记·高祖本纪》中刘邦曾对自己的儿子说：“吾虽都关中，万岁后吾魂魄犹乐思沛。”意思是我虽然把国都定在长安，但心里始终惦记故乡沛县，死后魂魄仍要归于故里。

最早将“万岁”据为己有的是汉武帝，“山呼万岁”或是其精心炮制的政治谎言。汉元封元年（前110）春，正月，汉武帝亲临缑氏（位于河南偃师市南部，古代中原四大名镇之一），登嵩山祭天，诏曰：“朕用事华山，至于中岳……翌日亲登嵩高，御史乘属，在庙旁吏卒咸闻呼万岁者三。登礼罔不答。”（《汉书·武帝纪》）荀悦注：“万岁，山神称之也。”意思是说神灵向汉武帝高呼“万岁”，

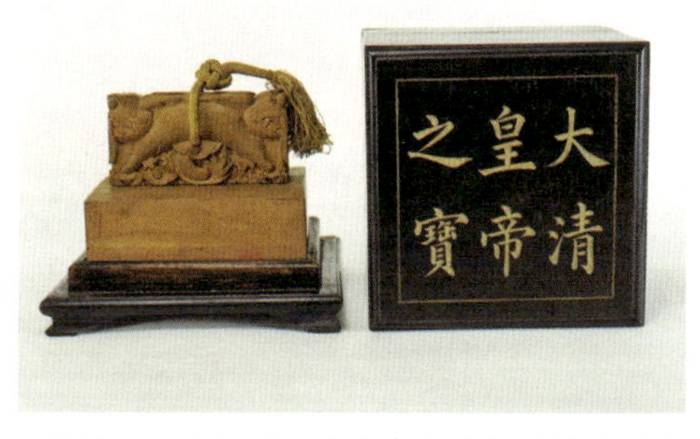

檀香木交龙钮“大清皇帝之宝”（清晚期）

后来人们向皇帝“山呼万岁”即来源于此。太始三年（前94）二月，汉武帝“幸琅琊，礼日成山。登之罘，浮大海。山称万岁”。从此，“万岁”独属皇帝一人。

唐朝时武则天在位十五年，年号有十三个，其中使用“万岁”的有三个，即“天册万岁”“万岁登封”“万岁通天”。民间传说，武则天在朝堂之上向翰林院的侍从们出题，意在彰显帝王尊严，她出的上题是“玉女河边敲叭梆，叭梆！叭梆！叭叭梆！”有会意者答对“金銮殿前呼万岁，万岁！万岁！万万岁！”武则天听了之后十分高兴，“万万岁”这个称呼就此流传开来。

封建时代“呼‘万岁’舞抃，涕而称臣”成为一种典型的马屁术。有的大臣什么都不说，专门喊“万岁”以谄媚君主。明宪宗成化年间万安入阁担任大学士，他虽无学问，却知道依从皇帝，有大臣向皇帝进言刚把话讲完，万安就磕头大喊“万岁”，表示散会了，害得别人没有机会劝谏皇帝，人称“万岁阁老”。

从颂词和祝福的“万岁”，到皇权垄断的“万岁”，“万岁”这个称呼饱经沧桑，现如今终于回归寻常。

诗文雅韵

清平乐·拟太白应制词

北宋·王观

黄金殿里，烛影双龙戏。劝得官家真个醉，进酒犹呼万岁。

折旋舞彻伊州，君恩与整搔头。一夜御前宣住，六宫多少人愁。

北宋时王观的文名很盛，曾与秦观并称“二观”。宋神宗时期王观因作《扬州赋》《扬州芍药谱》而获赏识，被重用为翰林学士，这首词便是应制而作，本意是描写宫廷生活。后因高太后对王安石变法不满，迁怒于王安石的门生王观，以《清平乐》词亵渎神宗为罪名，将其罢官，永不续用。从此，王观自号“逐客”，白衣终老。

词的上片描写皇帝与嫔妃宴乐时的情景，起首的两句描写金銮殿上灯火如昼，在影影绰绰的灯影之中，皇帝与一位嫔妃相戏取乐；接下来的两句写这位嫔妃极力向皇帝劝酒，皇帝醉意已浓，敬酒的人们还在高喊“万岁、万岁、万万岁”。“官家”一词在宋代比较流行，且为皇帝专用，大臣们称同一时代的皇帝为“官家”。

文史小贴士

金銮殿

“金銮殿”一词最早出现在唐朝。据史料记载，长安大明宫内有一座便殿名为“金銮殿”，位于后廷还周殿之西北、长安殿之东北。唐朝皇帝经常在金銮殿与文学之士讲论文字，赋诗唱和，甚至组织人力编撰典籍。同时，这里也是皇帝召见翰林学士的场所，皇帝经常令翰林学士在此起草诏敕。宋代沿袭了唐代的规制，在京城也建有金銮殿。到了明、清时期，紫禁城内的太和殿成为皇帝例行朝会、举行大典、行使最高权力时使用的宫殿。

延期举行的科举考试

在古代，一些全国性的考试是否也有过延期举行的情况呢？答案是有。以科举考试为例，还真的出现过考试延期举行的情况。造成古代科举考试延期的原因有很多，但是最常见的原因有两个，一个是灾荒，另一个是意外。

自然灾害是导致科举考试延期的一个常见原因。

唐文宗大和七年（833）夏秋之际，各地解

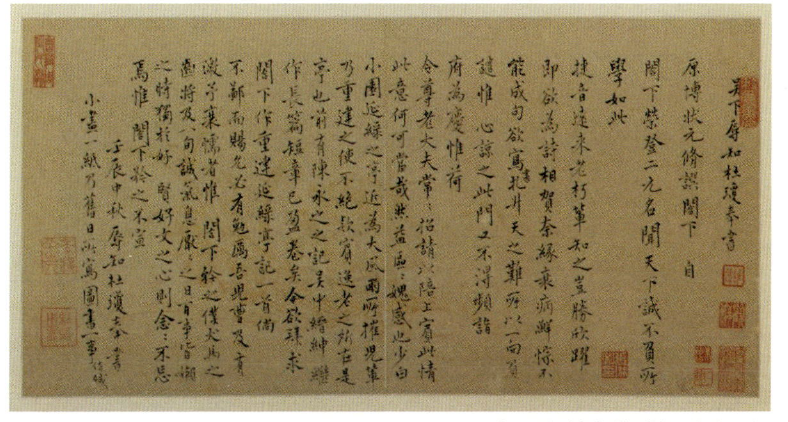

杜琼行楷书荣登帖页（明）

试（各地州府举行的考试，明、清两代称“乡试”，属于科举的第一轮或第一个层级）已毕，但因为“虫旱相因，恐致灾荒”，尚书省决定直接取消第二年春天的省试及殿试，按照当时的说法，即“权停贡举”，一时舆论哗然。按照唐朝的规定，每年秋末十月是各州府申送本地举子进京的时间，但“虫旱相因”，秋收受损，后勤跟不上，耽误了部分地方举子的行程。虽说下轮考试在次年春才开始，但是考虑到大家的实际情况，恐怕很难准备好来年的大考，干脆提前半年发出停考通知。

粉彩“二甲传胪图”鼻烟壶（清·道光）

后来唐文宗体恤到了举子们的心情，于大和八年（834）正月重新发布敕令：“今年选举，并缘伏末虫旱相因，恐致灾荒，权令停罢。及敛藏之后。物力且任，念彼求名之人，必怀觖望之志，宁违我令，以慰其心。宜依常例却置，应缘所纳文状及铨试等期限。仍准今年格文，递延一月。”（《唐会要》卷76《贡举中·缘举杂录》）在这则敕令中，“念彼求名之人，必怀觖望之志”意思是念在你们积极备考、立志报效国家的这份心情，“宁违我令，以慰其心”意思是宁可撤销我此前的命令来宽慰大家。最终，这年的考期推迟了一个月，好等一等那些还在路上奔波的考生们。

1061年农历八月，宋仁宗突然下令原本应于八月中旬举行的制科考试推迟。什么叫“制科”考试呢？北宋的科举考试分为“常科”和“制科”两种：常科三年一考，分解试、省试、殿试三级，通过即为进士及第；而“制科”又称御试，是由皇帝亲自主持的最高规格考试，应试者必须由朝中大臣推荐，考试的时机则根据国家的人才缺口而定。这一年的八月，开封遭遇了罕见的酷热天气，就连大名鼎鼎的苏辙也在这溽热天气下生了一场病，无力参加考试。于是宰相韩琦建议延期考试，宋仁宗采纳了他的建议。此后，宋朝的科举考试一律改到九月份，避开了易生疾病的暑天，使得考生们能够在凉爽时节健康应试。

有时候，一些突发事件也会导致科举考试延期。明朝天顺七年（1463），因为考场失火焚毁，会试延迟了半年多，殿试则直接推迟到了第二年。

这里简单解释一下，明朝的科举大概分三个层级，头年秋天农历八月份各地方府学举行初试，就是“乡试”，也叫秋闱；次年开春，农历正月或二月由尚书省举行礼部试，就是“会试”，也叫春闱；最后才是天子亲自主持的殿试。

所以说，1463年这一次考场大火，直接导致更高级别的会试和殿试延期举行。

白玉双蟹（清）

明万历十七年（1589），那年的会试也发生了因场地失火而延期考试的情况，那年的状元是后来的一代名儒焦竑，于是民间就有了这样的顺口溜“考场不失火，哪有状元焦”。

俗话说“计划没有变化快”，在中国古代确实出现过多次科举考试延期的情况。

诗文雅韵

登科后

唐·孟郊

昔日龌龊不足夸，今朝放荡思无涯。
春风得意马蹄疾，一日看尽长安花。

孟郊一生仕途坎坷，四十六岁时第三次参加科举考试，终于及第，按捺不住内心激动的心情，写下了这首脍炙人口的七言诗。“龌龊”指自己昔日拘谨局促、处境艰难的情形，“放荡”指自己意满志得、自由奔放的状态。正所谓“人逢喜事精神爽”，此时的孟郊神采奕奕，心情舒畅：过去生活上局促、不如意，不值得夸耀；今日金榜题名，让人得意自由，思绪万千；策马疾驰在长安道上，感觉春风骀荡，云淡风轻，就连自己的骏马也好似四蹄生风，脚步轻盈；偌大的一座长安城，繁花似锦，春光无限，却被他一日看尽，酣畅淋漓。

文史小贴士

雁塔题名

根据唐朝的科举制度，进士考试在秋季举行，发榜则是在来年的春天。此时的长安，春风轻拂，百花盛开。长安城东南的曲江、杏园一带春意更浓，凡新科进士及第先要一起在曲江参加国宴，然后登临大雁塔，象征从此步步高升；并题名塔壁留念，被称为“雁塔题名”。所以每到这时，“公卿家倾城纵观于此”，新进士们“满怀春色向人动，遮路乱花迎马红。”

古人千杯不醉？今人莫要贪杯

中国古人好饮酒，我们经常能在一些古装片中看到这样的情节：某位大侠为人爽快，邀请三五好友到餐馆大吃一顿；吃的什么菜饭不得而知，但酒一定要有，而且还不能少；至少得两大坛子酒，用大碗倒酒，喝酒时说几句特别仗义的话，然后大口喝酒，一饮而尽。历史上因为喝酒出名的人物也不少：曹操喜欢喝杜康酒来解忧；陶渊明嗜酒如命，让他的隐逸生

粉彩钟馗醉酒像（清·康熙）

活过得有滋有味；李白斗酒诗百篇，传为千古美谈；武松的故事更是家喻户晓，一口气连喝十八碗，还借着酒劲打死猛虎。

但是喝过酒的人都知道，酒是醉人的，有的人一喝酒就脸红，酒量小的人甚至一杯就倒。今人喝酒容易醉，可为什么古人却千杯不醉呢？

简单地说，酒精含量多少是影响一个人是否醉酒的关键因素，不同种类的酒，酒精浓度是不一样的。比如说，曹操喝的杜康酒，大概就相当于我们今天所说的醪糟，是一种发酵式的米酒。对于这种酒来说，酒精浓度达到百分之二十以后就不会再发酵了。所以，当时的酒大概都是这个样子，酒精含量都不太高。

在宋朝以前，酿酒的原理大概是这样的：将米饭蒸熟，放凉后拌入酒曲，发酵到一定程度就成了酒糟，过滤后封入坛中；再过至少三个月，酒就可以喝了。所以，古人喝的酒大多是这种手工发酵的酒，和我们今天喝的低度米酒、黄酒比较类似，也就七八度那个样子，所谓“烈酒”也就十来度的样子。

张希黄沉香木刻东坡游赤壁图酒斗（明）

北宋大文豪苏东坡教过几个学生，号称“苏门四学士”。其中有一个叫张耒的，据他自己说：“平生饮徒，大抵止能饮五升已上，未有至斗者，惟刘仲平学士，杨器之朝奉，能大杯满釂。然不过六七升醉矣。晁无咎与余酒量正敌，每相遇，两人对饮，辄尽一斗，才微醺耳。”（《明道杂志》）意思是说，当时爱喝酒的这些人最多也就能喝五升左右，很少能看见喝一斗的人；在苏轼的学生中，我和晁补之（字无咎，“苏门四学士”之一）的酒量差不多，每次见面喝酒，俩人加起来能喝完一斗，而且还不至于烂醉。

这么一看，他们的老师苏东坡的酒量并不大，因为苏东坡在自己的随笔杂记《东皋子传》中写道：“予饮酒终日，不过五合，天下之不能饮，无在予下者。”五合是多少呢？五合大概等于半升，也就是一斤左右的低度酒，你让他喝一天，他都喝不完。所以，苏东坡先生大概也就是一瓶啤酒的酒量。

中国酿酒技术的重大转变出现在元代。我们所熟知的白酒、烧酒，那时才出现。元朝人从欧洲和中亚引进了蒸馏酒法，并结合传统的酿制工艺，制造出具有中国特色的高度谷物蒸馏酒，推动了中国造酒工艺的大变革。明代医学家李时珍也曾关注过这种技法，他说：“烧酒非古法也，自元时始创。其法用浓酒和糟，蒸令汽上，用器承取滴露，凡酸坏之酒，皆可蒸烧”。（《本草纲目》）

所以，“千杯不醉”只是文学上的夸张说法；古人的酒量和现代人的酒量都差不多，而且喝酒要适量，切莫贪杯。

水调歌头·明月几时有

宋·苏轼

丙辰中秋，欢饮达旦，大醉，作此篇，兼怀子由。

明月几时有？把酒问青天。不知天上宫阙，今夕是何年。我欲乘风归去，又恐琼楼玉宇，高处不胜寒。起舞弄清影，何似在人间。

转朱阁，低绮户，照无眠。不应有恨，何事长向别时圆？人有悲欢离合，月有阴晴圆缺，此事古难全。但愿人长久，千里共婵娟。

据考证，这首词写于宋神宗熙宁九年（1076），苏轼因与当权者政见不同被外放密州，至此已是第三年。恰逢中秋时节，他与胞弟苏辙分离七年未得团聚，皓月当空，银辉遍地，心绪难平，乘着酒兴写下了这篇作品。

中国古人对天地和生命有着独特感悟，山水自然、风花雪月，一定会产生民族心灵中共同的振动。苏轼对月亮亦是情有独钟，这首词作乃是咏月诗词中的扛鼎之作，因其对月与人的思考达到了“尽美矣，又尽善也”的境界，千百年来传唱不衰。给人留下言有尽而意无穷之感。

文史小贴士

苏门四学士

“苏门四学士”是北宋文学家黄庭坚（1045—1105）、秦观（1049—1100）、晁补之（1053—1100）和张耒（1054—1114）的并称。当时，苏轼是北宋文坛的领军人物，享有巨大的声誉，一时之间仰慕和追随者众多，苏轼最欣赏和重视的就是黄、秦、晁、张四人，苏轼将他们的名字并提且大加宣传，后来四人皆名满天下。其中，黄庭坚是江西诗派的开创者，秦观成为词坛婉约派的大家，晁补之以乐府诗见长，张耒以通俗浅易的诗风独树一帜。

参考文献

1.叶曙明著. 广州传 上［M］. 广州：广东人民出版社，2020.06.

2.吴晗主编. 中国历史常识［M］. 成都：天地出版社，2019.01.

3.傅德岷，卢晋主编. 唐宋诗鉴赏辞典［M］. 上海：上海科学技术文献出版社，2019.01.

4.刘瑾辉著. 孟子智慧［M］. 上海：复旦大学出版社，2018.12.

5.陈广宏，郑利华，归青著；汪涌豪，骆玉明主编. 中国诗词 卷2 第3版［M］. 上海：东方出版中心，2018.11.

6.张山东著；李贵阳书法；江晓曙绘画. 咏古百首［M］. 南昌：江西美术出版社，2018.08.

7.孙民选注；王弘力插图. 古代风俗诗画［M］. 北京：当代中国出版社，2018.04.

8.王剑华编著. 无处不飞花［M］. 西安：三秦出版社，2018.04.

9.北京日报《万物》编写组编著. 万物有意思 中国篇 下［M］. 北京日报出版社，2018.03.

10.蒙曼著. 四时之诗 蒙曼品最美唐诗［M］. 杭州：浙江文艺出版社，2018.03.

11.长安编著；刘向伟绘画. 中华英杰故事丛书 少年英才［M］. 乌鲁木齐：新疆青少年出版社，2018.02.

12.卞向阳，崔荣荣，张竞琼等编著. 从古到今的中国服饰文明［M］. 上海：东华大学出版社，2018.01.

13.尹博，毕宝魁著. 万象国学坊系列 宋词三百首精粹品读［M］. 沈阳：辽宁教育出版社，2017.12.

14.（宋）刘道醇撰；徐声校注. 全新中国书画史籍校注丛典 圣朝名书评 五代名书补遗［M］. 太原：山西教育出版社，2017.11.

15.黄利平著. 清代民国广府壁画故事［M］. 广州：广州出版社，2017.10.

16.张慧芸著. 中华国学经典 唐宋八大家文选［M］. 北京：团结出版社，2017.09.

17.刘亚玲编著. 正说大汉廿二帝［M］. 北京：当代世界出版社，2017.09.

18.胡秀平，魏俊领，齐晓东主编. 高职应用数学［M］. 上海：上海交通大学出版社，2017.08.

19.刘雪涛编著. 中国通史大讲堂［M］. 北京：中国华侨出版社，2017.06.

20.陈红彦主编. 善本古籍掌故 2［M］. 上海：上海远东出版

社，2017.01.

21.（三国，魏）嵇康著；戴明扬校注. 中国古典文学基本丛书 嵇康集校注 上［M］. 北京：中华书局，2016.10.

22.刘强著. 有竹居古典今读 2 古诗写意［M］. 长沙：岳麓书社，2016.09.

23.龚延明著. 简明中国历代职官别名辞典［M］. 上海：上海辞书出版社，2016.09.

24.陈瑞主编. 古典诗词鉴赏辞典 新课标教材版［M］. 北京：商务印书馆国际有限公司，2016.08.

25.龚鹏程著. 有文化的文学课［M］. 北京：中华书局，2016.05.

26.龚鹏程著. 有知识的文学课［M］. 北京：中华书局，2016.05.

27.《两汉文观止》编委会编. 中华传统文化观止丛书 两汉文观止［M］. 上海：学林出版社，2015.09.

28.莫彭龄，王建军主编. 成语密码 第2季［M］. 北京：商务印书馆，2015.10.

29.悦读坊主编. 古老的文化典籍 上 插图版［M］. 武汉：湖北科学技术出版社，2015.09.

30.（清）沈复著. 浮生六记［M］. 天津：天津人民出版社，2015.08.

31.谢艳明著. 名字与文化［M］. 上海：上海交通大学出版社，2015.05.

32.汪旭编著. 唐诗全解［M］. 沈阳：万卷出版公司，2015.01.

33.刘琳，刁忠民，舒大刚，尹波等校点. 宋会要辑稿 1［M］. 上海：上海古籍出版社，2014.06.

34.沈玲编著. 海外华文教育教材 中国古代文学简史［M］. 武汉：华中科技大学出版社，2014.05.

35.经典课程编委会编著. 北大历史课［M］. 北京：北京联合出版公司，2014.02.

36.宛华主编. 中华经典藏书 中国通史［M］. 昆明：云南人民出版社，2013.10.

37.中国中共文献研究会编. 毛泽东读书集成 第112卷［M］. 北京：中央文献出版社，2013.

38.（清）褚人获辑撰；李梦生校点. 坚瓠集［M］. 上海：上海古籍出版社，2012.12.

39.国家文物局主编. 惠世天工中国古代发明创造文物展［M］. 北京：中国书店出版社，2012.06.

40.仉凤峨著. 历代文苑趣谈［M］. 昆明：云南人民出版社，2012.03.

41.邹博主编. 百科知识全书 中国卷 历史百科 图文珍藏版［M］. 北京：线装书局，2011.07.

42.徐宗才，李文编著. 古代汉语 上［M］. 北京：北京语言大学出版社，2010.03.

43.孙涛著. 东坡拾瓦砾 苏东坡这个人［M］. 天津：天津教育出版社，2008.04.

44.康震著. 康震品李白［M］. 北京：东方出版社，2006.12.

45.《社会主义荣辱观教育系列读本》编写组编. 精神的故乡

大学版［M］. 北京：开明出版社，2006.10.

46.费振刚，仇仲谦，刘南平校释. 全汉赋 文白对照［M］. 广州：广东教育出版社，2006.08.

47.许嘉璐主编；安平秋分史主编. 二十四史全译 史记［M］. 上海：汉语大词典出版社，2004.01.

48.西安市地方志编纂委员会. 西安市志 第6卷 科教文卫［M］. 西安：西安出版社，2002.06.

49.林语堂著；张振玉译. 苏东坡传［M］. 天津：百花文艺出版社，2000.06.

50.（宋）洪迈原著；李宏主编. 夷坚志 文白对照全译本 下［M］. 北京：九州图书出版社，1998.03.

51.杨学为等主编. 中国考试制度史资料选编［M］. 合肥：黄山书社，1992.08.

52.张在义等译注. 先秦两汉 张衡文选译［M］. 成都：巴蜀书社，1990.

53.赵声磊著. 古代趣文百篇［M］. 杭州：浙江人民出版社，1983.03.

后 记

2016年以来，我有幸从事青少年公益事业，致力于开展中小学生课外社会实践活动。我接触了很多孩子和家长，在他们的内心，对中华优秀传统文化保有一份天然的亲切感。在公益大课堂上，每当讲起中华美文、诗词歌赋，总能激发起他们极大的热情；大家一起诵读，一起品味，在我们共同的文化传统里收获感动、体会快乐。

2018年11月，有幸收到辽宁省教育厅的邀请，参与“辽宁省普通高中学生诗词大会”的工作，担任大赛的主持人。这是一个面向全省60万高中学生的诗词竞赛，以小学至高中语文教材内的诗词篇目为基础，以符合高中生认知、理解和掌握的中华优秀古典诗词和毛泽东诗词为主要内容，通过比赛的形式，激发青少年对中华诗词的热爱。我有幸连续担任第二届、第三届、第四届诗词大会的主持人，其间的种种经历，记忆犹新。我亲眼见证一群可爱的少年，怀着一颗赤子之心，吟咏诗词，口吐莲花。他们每一个人都是活络的生命个体，他们背诵的每一句诗、传递的每一种感悟，都是动听的故事。

2023年4月18日，有幸参加沈阳市第二十四届成人礼主题活动。在活动现场，我为参加成人礼的500余名18周岁青年学生代表讲了一堂“成人课”。4月中旬，正是沈城的初春时节，万物复苏，生机勃勃。从节气来看，迎接“谷雨”节气到来的成人礼，多了一份传承中华优秀传统文化意义上的历史厚重感和文学浪漫感。一年四季，春夏秋冬，“谷雨”是春季的最后节气，同时也是唯一一个将物候、时令与稼穑农事紧密对应的节气。到了谷雨这个节气，就开始下雨了，而丰沛的雨水使得土地湿润，非常有助于农作物的生长，这个时候最适合插秧播种，正所谓“雨生百谷”，所以叫作“谷雨”。

一个人的成长又何尝不是这样呢？我们把孩子比作一棵幼苗，精心培育；一棵小苗的成长，需要阳光、空气和雨水的滋润，需要土壤和肥料，需要呵护和浇灌。因此，在成人礼这一天，对“成长”这个话题的探讨，就显得尤为重要。就人生的成长而言，我们一定能从中华优秀传统文化中得到深刻启迪。

大家还记得吗？我们从小到大，有一个共同的美好印象，在教室后面的文化墙、黑板报上，都有八个醒目的大字，两句话，“好好学习，天天向上”。经过多年的教育和成长，我们是否真正悟到了“学习”这两个字的文化内涵？

大学的时候，我在中文系念书，先生讲解古代汉字，谈到了中国汉字的奇妙之处，很多字是象形+会意的。学习的“学”字，有一种写法，像画画一样，画的是一双勤劳的手搜集木材、垒土造屋；而“习”字更形象，画的是一只初生的小鸟，迎着太阳，反复拍打翅膀，练习飞翔。于是，我们从这两个字的最初形态，悟出了学习的真谛。“学”是打好基础，垒土造屋，构建人生，塑造自我；“习”是勤奋有为，刻苦专注，拍打翅膀，向着阳光，学会飞翔。学习，就是让自己有立足之地，有挥洒空间，有丰满羽翼，立飞天之志。

现如今，有越来越多的青少年爱上了中华优秀传统文化：“国风”“国潮”、民族舞蹈、传统服饰、“诗词大会”“考古大会”“成语大会”“国家宝藏”“古韵新声”、博物馆里的展览、社交平台上的短视频、非遗传承中的青春面孔，拿起“考古神器”揭秘“考古盲盒”，约上三五好友一起围炉煮茶，在非遗工作坊观摩学习，亲身体验一门“手艺”的温度……在与中华优秀传统文化频频相遇的生活中，找到了深切共鸣，激发出强烈的文化认同感和文化自信心。

写作这本书的初衷，亦是希冀引导青少年创新传承中华优秀传统文化。

因本人水平有限，不妥之处，恳请社会各界人士批评指正。

李　东

2024年1月于沈阳